O ORDENAMENTO DO TERRITÓRIO NUM MUNDO DE EXIGÊNCIA CRESCENTE:

das ambições do PNPOT à contradição de investimentos em vias de concretização

MANUEL PORTO

O ORDENAMENTO DO TERRITÓRIO NUM MUNDO DE EXIGÊNCIA CRESCENTE:

das ambições do PNPOT à contradição de investimentos em vias de concretização

O ORDENAMENTO DO TERRITÓRIO NUM MUNDO
DE EXIGÊNCIA CRESCENTE:
DAS AMBIÇÕES DO PNPOT À CONTRADIÇÃO
DE INVESTIMENTOS EM VIAS DE CONCRETIZAÇÃO

AUTOR
MANUEL PORTO

EDITOR
EDIÇÕES ALMEDINA, SA
Av. Fernão Magalhães, n.° 584, 5.° Andar
3000-174 Coimbra
Tel.: 239 851 904
Fax: 239 851 901
www.almedina.net
editora@almedina.net

PRÉ-IMPRESSÃO I IMPRESSÃO I ACABAMENTO
G.C. – GRÁFICA DE COIMBRA, LDA.
Palheira – Assafarge
3001-453 Coimbra
producao@graficadecoimbra.pt

Outubro, 2008

DEPÓSITO LEGAL
284180/08

Os dados e as opiniões inseridos na presente publicação
são da exclusiva responsabilidade do(s) seu(s) autor(es).

Toda a reprodução desta obra, por fotocópia ou outro qualquer
processo, sem prévia autorização escrita do Editor, é ilícita
e passível de procedimento judicial contra o infractor.

Biblioteca Nacional de Portugal – Catalogação na Publicação

PORTO, Manuel

O Ordenamento do território num mundo de exigência
crescente : das ambições do PNPOT à contradição
de investimentos em vias de concretização.
ISBN 978-972-40-3688-5

CDU 711
     349

Índice

1. Introdução. A necessidade de responder aos desafios internos e externos ... 7
2. Os desafios desejáveis e inevitáveis da abertura 13
3. As preocupações do PNPOT 15
4. A qualificação das pessoas 17
5. A competitividade territorial 19
6. As infra-estruturas que "fogem das pessoas e das actividades" (a imperiosa necessidade de passar a olhar-se para o mapa de Portugal…) 37
   6.1. O sistema portuário 40
   6.2. O sistema ferroviário (a necessidade de haver comboios rápidos em Portugal: que façam o trajecto Lisboa-Porto em menos tempo que o trajecto Lisboa-Madrid, numa linha "rentável") 42
      a) A ligação a Madrid 46
      b) A ligação Lisboa-Porto (Corunha) 56
      – A criação de uma grande área metropolitana portuguesa 56
      – A rentabilidade da linha, com a procura que se verificará 61
      – Uma redução significativa de tempo com o TGV, impossível com a linha do Norte: passando a demorar-se menos tempo do que de automóvel 70
      – A necessidade de em Portugal passarem a ser tidos em conta os custos ambientais 80
   6.3. O sistema aeroportuário (o caso do novo aeroporto de Lisboa: repensar a Portela e o abandono irreversível da Ota, com contas completas e actualizadas, evitando-se **"O Erro de Alcochete", com custos muitíssimo mais elevados** 81
      – A localização privilegiada do Ota (única, no território nacional…) 94

- Um desejável aumento de oportunidades para o aeroporto de Pedras Rubras, **servido dentro da aerogare** pelo TGV Lisboa-Corunha 98
- A necessidade de se fazerem todas as contas 108
- A "competitividade internacional" de um aeroporto (Alcochete melhor que Lisboa ?) 111
- Repensar, tendo em conta dados novos com o maior relevo, a continuação da utilização da Portela 117
- O erro de ser irreversível o abandono da Ota 119

6.4. Persistindo-se com Alcochete, a necessidade imperiosa de ser servido, dentro da aerogare, pelo TGV Madrid-Lisboa, só assim podendo ser um "aeroporto peninsular" (com a entrada em Lisboa pelo norte, com um custo várias vezes inferior e um acesso mais rápido para a grande maioria dos passageiros) 120

6.5. A implantação dos centros de apoio mais qualificantes 125

7. Os fundos "estruturais" da União Europeia e as verbas do PIDAC 129

8. A "fuga" a legislação e medidas iguais para todo o país, favorecendo-se as áreas já mais favorecidas 133

9. Uma questão em aberto: a vantagem, mesmo a necessidade, da implantação das regiões administrativas 145

10. Conclusões. A ambição que queremos: reforçar Portugal, face à polarização de Madrid 153

O ORDENAMENTO DO TERRITÓRIO NUM MUNDO DE EXIGÊNCIA CRESCENTE:

das ambições do PNPOT à contradição de investimentos em vias de concretização[1]

1. Introdução. A necessidade de responder a desafios internos e externos

São infelizmente recentes, designadamente em Portugal (quando se verificam…), as preocupações com a preservação e a promoção do território, com políticas levando a um desenvolvimento mais equilibrado e eficiente dos recursos de que se dispõe (embora tenhamos ocasião de ver que a alguns propósitos os nossos antepassados tinham uma percepção muito melhor das realidades; sendo indesculpável o retrocesso verificado nos nossos dias…).

Sendo o desenvolvimento regional uma das suas componentes, uma componente decisiva, poderá recordar-se que numa primeira fase não se tinha noção dos desequilíbrios ou, tendo-a, vivia-se na crença de que haveria uma tendência natural para o reequilíbrio.

Só mais tarde, com o reconhecimento da sua existência, da sua medida e de que haveria uma tendência natural para o seu agravamento, bem como com a tomada de consciência crescente de que

---

[1] O presente texto, desenvolvido e actualizado, esteve na base de uma comunicação do autor no Seminário sobre o PNPOT promovido pelo CEDOUA, na Faculdade de Direito da Universidade de Coimbra, a 14 de Dezembro de 2007.

eram negativos a vários propósitos, começou a haver intervenção política; determinada naturalmente também porque a par do reconhecimento dos malefícios dos desequilíbrios e da má ocupação do espaço se foi criando a convicção de que valeria a pena intervir. Assim aconteceu com base em experiências comparadas que são inequívocas, sendo indesculpável – o que poderá justificá-lo? – que em Portugal **"não se queira conhecer" e imitar as experiências tão positivas** dos países mais equilibrados e com preocupações territoriais.

Trata-se de determinação acrescida também por finalmente começar a haver preocupações ambientais: hoje sentidas por todos (ou quase todos...), não apenas por movimentos antes minoritários. E os danos ambientais são em grande medida resultantes de uma má ocupação do território.

Trata-se de perspectivas científicas e políticas novas, de há poucas décadas, em qualquer parte do mundo. Mas mais uma vez em Portugal partiu-se tarde e há que lamentar que ainda hoje não se verifique o mesmo (ou mesmo algum...) nível de preocupação e intervenção que nos países "bem organizados".

É injustificável que assim aconteça, quando a experiência dos outros, uma experiência francamente positiva, com bons resultados designadamente no plano económico, mostra à evidência o que deveria ser feito em Portugal (por exemplo, com um relevo enorme, com um uso muito maior dos caminhos de ferro, em particular articulados com os demais modos de transporte, designadamente com o transporte aéreo, tal como teremos ocasião de evidenciar nesta publicação).

Em Portugal uma primeira preocupação com a racionalização de esforços no conjunto da economia reflectiu-se na elaboração dos Planos de Fomento, tendo o primeiro coberto o período de 1953 a 1958 e o segundo o período de 1959 a 1964.

Foram todavia planos em que não se verificou ainda preocupação com a problemática dos desequilíbrios espaciais, constituindo por isso um primeiro passo o Plano Intercalar para 1965-8, chamando já a tenção para o seu relevo. Depois, o III Plano de Fomento, para 1969-73, dedicou um volume (o título III da 1.ª parte) a esta questão, sublinhando os desequilíbrios entre os distritos (ficou a saber-se, por exemplo, que os distritos de Viana do Castelo, Vila Real e Bragança tinham 29% do PIB *per capita* de Lisboa), estabelecendo objectivos e individualizando medidas a tomar.

Foi na sua sequência que foram criadas as "Comissões Consultivas Regionais", geralmente conhecidas por "Comissões de Planeamento", tendo sobressaído na sua actividade inicial a participação e as responsabilidades (a nível regional) na preparação do IV Plano de Fomento (que deveria ter vigorado entre 1974 e 1979, assim não tendo acontecido devido à alteração política de 25 de Abril desse primeiro ano).

As Comissões Consultivas Regionais vieram a ser substituídas pelas "Comissões de Coordenação", com uma evolução em que vieram e a ter também, além das funções iniciais de planeamento e promoção regionais, funções de apoio às autarquias, de ordenamento do território e planeamento urbanístico, bem como ainda, com se justifica, no domínio do ambiente (assim acontece, na sequência de diplomas anteriores, nos termos do diploma orgânico actual, o Decreto-Lei n.º 134/2007, de 27 de Abril, mantendo a designação vinda do diploma orgânico que o antecedeu, o Decreto-Lei n.º 104/ /2003, de 23 de Maio, que havia trazido um acrescento à designação das Comissões, passando a designar-se "Comissões de Coordenação *e Desenvolvimento* Regionais").

Tanto as estruturas regionais como as nacionais, indispensáveis para corresponder a exigências básicas, desde logo de qualidade de vida das pessoas, têm todavia de responder agora, neste novo século, a exigências ainda mais difíceis, designadamente com as novas fronteiras da Europa e com a globalização (veremos no n.º 9 que se trata de exigências que obrigam a que não continue a protelar-se a constituição de regiões administrativas no continente português).

De facto a queda do comunismo, tendo sido um sonho para os países cujos cidadãos conquistaram a liberdade e que estão a ter agora taxas de crescimento muito altas, veio criar enormes dificuldades a um país como Portugal. Percorrendo os dois séculos passados, é de constatar aliás que, depois de ao longo de mais de século e meio termos divergido da Europa, tivemos as mais altas taxas de crescimento e convergimos precisamente nas décadas, a partir da 2.ª Guerra Mundial, em que não tivemos a concorrência desses países do centro da Europa (ou ainda da China, actualmente também com um grande relevo, com a mudança substancial do seu sistema económico): ausência de concorrência que terá tido um peso maior do que o aumento de oportunidades de mercado que se verifica agora com o seu crescimento.

Por maior confiança que se tenha nas nossas capacidades, e temos fundadas razões para que seja muito grande, não pode desconhecer-se que sendo iguais ou semelhantes as possibilidades de acesso aos recursos naturais, ou ainda eventualmente a mesma a qualificação das pessoas, os países do centro da Europa têm uma proximidade dos principais mercados europeus (que se contam entre os principais mercados do mundo) que lhes dá uma vantagem enorme. Enquanto um empresário português que queira importar uma máquina da Alemanha ou colocar aqui (de longe o maior mercado do nosso continente!) um produto por si produzido tem os custos adicionais de trajectos de dois milhares de quilómetros, poderão ser de poucas centenas de quilómetros os custos para um empresário da Polónia, da Hungria ou da Eslováquia.

No século XXI acresce a concorrência cada vez mais próxima de países também de outros continentes, não só da China, também da Índia e de vários outros países (não só dos outros dois BRICs, o Brasil e a Rússia; com a Goldman Sachs a juntar agora, num relatório de 2008, os *next eleven*, mas sendo também muito grande o desafio de vários mais, de grande e menor dimensão).

Num quadro inevitável e desejável de abertura dos países da Europa e de globalização, compreende-se pois – era mesmo indispensável! – que o PNPOT (Programa Nacional da Política de Ordenamento do Território)[2] dedicasse uma atenção muito especial às condições de competitividade da economia portuguesa.

---

[2] Aprovado pela Lei n.º 58/2007, de 4 de Setembro.

Sendo cada vez menores as margens de manobra, pior, sendo seguro que a determinados propósitos temos condições comparativamente desfavoráveis (no quadro europeu, a situação periférica referida há pouco, e no quadro mundial remunerações do trabalho muito mais elevadas do que por exemplo na Ásia), não podemos "dar-nos ao luxo" de ter ineficiências evitáveis.

Assim acontece no domínio do ordenamento do território, onde aliás, a par ou acima do objectivo da competitividade da economia portuguesa estão os objectivos do bem-estar da população ou ainda por exemplo da defesa dos valores ambientais: objectivos postos em causa com uma ocupação indevida do nosso espaço.

2. Os desafios desejáveis e inevitáveis da abertura

Longe vão os tempos em que se julgou vantajoso ou possível seguir políticas proteccionistas, evitando-se assim a concorrência de terceiros.

Portugal é aliás um exemplo claro de experiência geralmente positiva com a abertura da economia, acompanhando os movimentos de integração e liberalização em que podia participar[3].

Confirmou-se assim mais uma vez o que a teoria económica e a prática têm vindo a reforçar, evidenciando as vantagens maiores da abertura das economias, em contraposição com as experiências tão negativas dos nacionalismos da primeira metade do século XX, no domínio político e no domínio económico[4].

Nos nossos dias uma prática proteccionista seria aliás levada a cabo com violação de compromissos assumidos, na Europa (v.g. com a União Europeia) e no plano mundial (em particular com a Organização Mundial do Comércio), com consequências sem dúvida indesejáveis.

Quando apareça a tentação proteccionista, e ela aí está de novo, com o êxito das novas potências emergentes, em especial da China e da Índia, os europeus têm de ter aliás bem presente que a "Euro-

---

[3] Tendo uma taxa de abertura relativamente grande, face às circunstâncias do país (como pode ver-se em Porto, 2004, p. 386).

[4] Trata-se de constatação confirmada em estudos amplos e aprofundados de autores como Sachs e Warner (1995), Frankel e Romer (1999), Wang, Liu e Wei (2004) e Santos-Paulino (2005), bem como em estudos colectivos de organizações com a mais elevada reputação, como são os casos da OCDE, do Banco Mundial e do National Bureau of Economic Research (podem ver-se as referências em Porto, 2001, pp. 32-6).

lândia" tem vindo a ter uma balança comercial superavitária (mesmo de mercadorias)[5]. Sendo assim, teria mais a perder do que a ganhar com o afastamento geral das oportunidades do comércio. E seria uma ingenuidade esperar – muitas pessoas parece terem-na... – que enquanto nós fechávamos os nossos mercados os outros países, prejudicados com isso, "generosamente" mantinham os mercados abertos às nossas exportações...[6].

Em lugar de se sonhar com alguma eventualmente possível (mas não desejável...) via proteccionista, importa é que com realismo e sem dúvida exigindo que os demais países cumpram as regras do jogo (designadamente nos domínios social e ambiental), nos preparemos para uma concorrência de que possamos afinal continuar a beneficiar.

Trata-se de concorrência acrescida por ser nos mesmos tipos de produtos, incluindo actualmente não só bens materiais, finais e intermediários, em medida crescente também serviços, finais e intermediários (com o *outsourcing*: cfr. Porto, 2007a e 2007b). E se em relação aos bens materiais pode pensar-se na hipótese de se impedir a sua importação, tal não é obviamente possível em relação a muitos dos serviços...

---

[5] Assim aconteceu até aos doze meses passados até Junho de 2008; registando-se agora, com a crise, um pequeno défice (de 10,8 milhares de milhões de dólares nos doze mesas até Julho, quando os Estados Unidos da América, na linha do que tem vindo a acontecer desde há muito, tiveram um défice de 844,6 milhares de milhões(cfr. o *The Economist* de 4 a 11 de Outubro de 2008).

[6] A esta consideração não podem deixar de acrescer as responsabilidades da Europa face a exportações de países especialmente desfavorecidos do mundo, como são os casos de muitos países de África, que não têm alternativas para a colocação dos seus produtos (cfr. Porto, 2001, p. 520).

Sobre os novos desafios e as estratégias a seguir, com a globalização, podem ver-se dois textos recentes do autor (Porto, 2007a e 2007b), em especial as referências aqui feitas.

3. As preocupações do PNPOT

É neste quadro que se compreende bem que o PNPOT dê atenção à posição de Portugal no mundo.

Logo na *Introdução*, no número 3 de um primeiro título, dedicado a *Um país mais ordenado* (p. 17[7]), se sublinha que "o bom ordenamento do território passa também pela melhor inserção da sociedade e da economia portuguesa no Mundo e em particular na Europa"; acrescentando-se que "é fundamental definir, afirmar e consolidar a posição de Portugal nesse contexto e, a partir daí, organizar os territórios de forma adequada ao bom desempenho daqueles papéis".

No número 5, por seu turno (p. cit.), reconhece-se que "o bom arranjo dos territórios é fundamental para que Portugal possa beneficiar e contribuir para o sucesso económico, social e político da construção da União Europeia e, por essa via, para o reforço do papel europeu, mediterrânico e atlântico da Península Ibérica e para a construção de um modelo global de desenvolvimento sustentável".

E no último número da *Introdução* (número 21, p. 23) é acrescentado que "o Governo apresenta também a proposta do PNPOT em coerência com a *Estratégia Nacional de Desenvolvimento Sustentável* (ENDS), que enquadrará estrategicamente as políticas de desenvolvimento do país nos próximos anos, no sentido de 'tornar Portugal num dos países mais competitivos e atractivos da União

---

[7] Ao longo deste texto as referências são feitas (com a respectiva paginação) à edição do PNPOT promovida pelo CEDOUA, org. (Almedina, Coimbra, 2007).

Europeia, num quadro de elevado nível de desenvolvimento económico, social e ambiental e de responsabilidade social' ".

O primeiro capítulo é por seu turno sobre *Portugal no Mundo* (pp. 25-49), com o primeiro título sobre *Desenvolvimento humano e competitividade económica internacional*, o segundo sobre *Especificidade e afirmação de Portugal no Mundo*, o terceiro sobre *Portugal na União Europeia* e o último sobre *Portugal na Península Ibérica*.

4. A qualificação das pessoas

A resposta tem de ser dada nos mais diversos domínios, com grande relevo, que valerá a pena sublinhar (embora não esteja no cerne deste nosso livro), para a qualificação das pessoas (com um relevo próprio, particularmente grande a este propósito, para o comércio de serviços). Tal é aliás sublinhado, como vimos há pouco, no primeiro título do primeiro capítulo do PNPOT, a propósito da *competitividade económica internacional*.

São recordados dados esclarecedores, que mostram bem que está aqui uma vulnerabilidade especial do nosso país. Estando numa posição mundial razoável no *ranking* dos PIBs *per capita* em paridade de poderes de compra, em 32.º lugar, são de sublinhar ainda as posições mais vantajosas que temos vindo a conseguir em determinados indicadores sociais, por exemplo de esperança de vida à nascença ou de mortalidade infantil, bem como o 26.º lugar no Índice de Desenvolvimento Humano (IDH) (p. 25). Mas é já especialmente negativa a nossa posição na qualificação das pessoas e na produtividade[8], estando em 69.º lugar na taxa de literacia adulta e sendo o nível de produtividade por pessoa empregada de 49,3% da média comunitária, em 2003[9].

---

[8] Dependente naturalmente não só da qualificação dos trabalhadores, também por exemplo, com grande relevo, da gestão empresarial.

[9] Quando o PIB *per capita* é de 74,6% da EU-27. Não sendo preciso juntar muitos indicadores mais (v. g., de abandono escolar ou de formação ao longo da vida), referiremos ainda que em 2001 apenas 23,3% das pessoas entre os 20 e os 35 anos tinha como qualificação mínima o ensino secundário e só 10,8% tinha concluído o ensino superior (p. 107) (sobre o relevo de indicadores vários na apreciação dos países e das regiões pode ver-se por exemplo, em edição recente, Gadrey e Jany-Catrice, 2007).

5. A competitividade territorial

Neste livro centramo-nos todavia na ocupação do território, vendo em que medida se adequa, pode ser e tem sido de facto encaminhada no sentido do aumento da competitividade do país[10].

a) Uma primeira constatação a fazer, com a observação dos mapas, é de que se trata de um país com uma grande concentração de população e actividade económica (v.g. da indústria e dos serviços) na faixa litoral entre Braga e Setúbal.

Podemos ilustrá-lo com os mapas 1 e 2 (inseridos no PNPOT pp. 71, 347 e 350), apresentando dados concelhios de 2001: o primeiro com a densidade populacional (num quadro acentuado ainda entre os últimos censos) e o segundo com o consumo total de electricidade, dando bem a noção da actividade económica e social (com um retrato que seria confirmado com mapas com outros indicadores, por exemplo com as localizações das sociedades ou dos profissionais liberais).

---

[10] Trata-se de preocupação que o autor tem vindo a ter ao longo da sua carreira, preocupação expressada designadamente no título (e no conteúdo) de uma publicação de 1999, *O Ordenamento do Território Face aos Desafios da Competitividade.*

MAPA 1　　　　　　　　MAPA 2

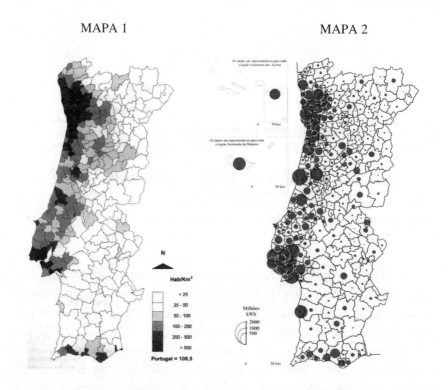

Pode mencionar-se que entre os distritos de Braga e Setúbal, uma área com cerca de 25% do território continental, está cerca de 66% da população e mais de 80% dos VABs industrial e dos serviços.

b) Face a esta realidade, poderia eventualmente entender-se que seria desejável promover uma repartição equilibrada da população (e das actividades mais ocupadoras de mão-de-obra) pelo conjunto do espaço, abandonando áreas tradicionalmente de maior ocupação e ocupando áreas que têm tido outras funções, designadamente agrícola (ou que, independentemente disso, constituem áreas a preservar, no quadro da Rede Fundamental de Conservação da Natureza: cfr. PNPOT, pp. 59-62).

Com medidas conjugadas, designadamente com a implantação de infra-estruturas e serviços básicos longe dessas primeiras áreas, não as servindo adequadamente, **forçar-se-ia (á) uma nova ocupação do território português**.

É aliás o que vai acontecer com a implantação de duas infra-estruturas de enorme relevo, mesmo determinantes do futuro do país, o TGV de ligação a Madrid e o novo aeroporto de Lisboa[11]: levando ao empobrecimento das áreas onde está agora a maior parte da população portuguesa, no norte e no centro do país, com a criação de motivos de atracção importantes apenas mais a sul.

Não se sendo sensível a considerações de ordem social, económica, ambiental e de ocupação do território, aceita-se ou deseja-se mesmo o empobrecimento de áreas já de forte implantação e "força-se" a deslocação das pessoas para novas centralidades[12], em áreas ainda desocupadas ou menos ocupadas, só aí havendo oportunidades de emprego, ou pelo menos sendo mais favoráveis (com especial relevo para a área metropolitana de Lisboa). Passados os custos humanos e sociais das migrações, haveria uma situação mais vantajosa para quem se deslocou[13] e para o país no seu conjunto.

Acontece aliás que mesmo sem se ter verificado ainda a adjudicação dessas obras, e sem dúvida com o contributo, no norte, da perda de competitividade de sectores tradicionais, a Região Norte[14] já é a região mais pobre do país, com 58,8%% do PIB *per capita* da UE-25 (os dados são de 2004), seguida pela Região Centro, com

---

[11] Voltaremos a esta crítica em 6.2 e 6.3, crítica que está muito mais desenvolvida num recente artigo nosso (Porto, 2007c).

[12] Numa emigração sem dúvida menos penosa (é este o "consolo"…) do que a emigração dos séculos anteriores, primeiro para outros continentes e nos anos sessenta do século XX para países do centro da Europa.

[13] Numa "lógica", no caso português obviamente não justificável, de *people's prosperity*, que deveria prevalecer sobre a *place prosperity* (na célebre distinção de Winnick, 1961).

[14] Especialmente dependente, não do mercado interno, mas sim do mercado externo, como foi ainda recentemente sublinhado numa análise em que intervieram economistas e outros responsáveis (cfr. o *Público* de 18 de Agosto de 2008, numa reportagem interessante sobre *O que pensam os lisboetas do Porto e o que pensa o Porto disso*; bem como os números da Região Norte referidos no *Expresso* de 18 de Outubro de 2008, num artigo com o título de *Norte Campeão da Pobreza*).

64,3% (num *ranking* em que está em primeiro lugar a Região de Lisboa, acima da média da UE, com 105,8%)[15].

Sintomaticamente, a Região Norte é também a região com maior desemprego[16], com a taxa de 9,4% em 2007, num *ranking* em que todavia a Região Centro, com um tecido mais equilibrado (por certo por isso), tem a taxa de desemprego mais baixa do continente, com 5,6%.

As políticas que têm vindo a ser seguidas e que se acentuarão nos próximos anos agravarão a clivagem que estamos a referir, afectando uma vasta área (das Regiões Norte e Centro) onde vivem mais de 6 milhões de habitantes, mais de 60% da população portuguesa[17]; o que contrasta com as populações da Área Metropolitana de Lisboa, de 2,750 milhões de habitantes, e do Alentejo, de 768 mil.

---

[15] Tendo os Açores 65,6, o Alentejo 70,3, o Algarve 77,1 e a Madeira 90,8% da média da EU-25.

Há assim uma alteração clara em relação à situação pouco mais de uma dezena de anos antes, em 1993 (cfr. Porto, 2001, p. 398), quando Portugal tinha 67,7% da média da EU-15 (uma UE mais rica *per capita,* antes dos alargamentos do século XXI). A região mais pobre era então a dos Açores, com 49,2% da média da União, seguindo-se a Madeira, com 50,5, o Alentejo, com 54,4, o Centro, com 55,2, o Norte, com 59,6, o Algarve, com 70,6, e Lisboa e Vale do Tejo, com 87,4%.

Regozijando-nos com os êxitos verificados, em especial nas Regiões de Lisboa, da Madeira e do Algarve, não podem deixar de causar preocupação as perdas de posição das Regiões Norte (acabámos de ver que em 1993 era a terceira mais rica do país, em valores *per capita*) e Centro (na quarta posição em 1993), em relação a uma União Europeia agora com um PIB mais baixo por habitante, com a adesão de países mais pobres.

De acordo com os dados mais recentes do INE, divulgados no dia 12 de Agosto de 2008 (cfr. o *Público* do dia seguinte), a Região Norte tem também a mais elevada taxa de risco de pobreza do nosso país, a par da Madeira e dos Açores (que em 2005 tinham os valores mais elevados): de 19%, sendo de 12% em Lisboa, de 13% no Algarve e a média nacional de 14%

[16] Dados recentes vieram mostrar também que o distrito do Porto é o distrito com mais pessoas a carecer do rendimento social de inserção, muito mais do que o distrito mais populoso de Lisboa.

[17] 3,720 milhões na Região Norte e 2,372 na Região Centro.

Segue-se assim uma lógica, de **empobrecimento das zonas mais povoadas e de "construção" de novas centralidades**, que não é, felizmente para os seus concidadãos, a perspectiva dos cientistas e dos políticos dos demais países: que são sensíveis aos problemas humanos e sociais da deslocação e do desenraizamento das pessoas, evitam congestionamentos indesejáveis nos grandes centros, valorizam a preservação de espaços ainda disponíveis (não enchendo os países de betão...) e apostam antes na valorização do património construído e social (mesmo cultural) de que já dispõem[18].

---

[18] As notícias reflectindo a alteração radical na "geografia" do nosso país, mesmo antes de estarem sequer adjudicadas as duas referidas infra-estruturas básicas (o TGV de ligação a Madrid e o novo aeroporto de Lisboa), sucedem-se já agora semana a semana; sendo apenas dois exemplos, a par de muitos outros, que num dos fins de semana passados, quando o *Jornal de Notícias* noticiava que os distritos do Porto, de Aveiro e de Viseu tinham os maiores números de falências do país, a revista *Focus* dava conta de projectos de milhares de milhões de euros no Alentejo (especialmente no litoral), com a criação de 15.000 empregos. Como alentejano (e como português!) rejubilo com esta segunda notícia, mas não posso deixar de lamentar a primeira...

Trata-se de retrato antecipado e sublinhado no *Tabu* do *Sol* de 21 de Março de 2008: "A Margem Sul de Lisboa, com extensão até Sines, prepara-se para ser **a nova centralidade de Portugal** nos próximos 50 anos. Esta região receberá um novo aeroporto, uma linha de alta velocidade, uma ligação ferroviária entre os portos de Sines e de Setúbal, novos acessos rodoviários e uma plataforma logística no Poceirão, um investimento no valor de 500 milhões de euros..." (negrito nosso). Mais recentemente ainda, no dia 26 de Julho de 2008, é anunciado um investimento em Évora de 400 milhões de euros, em duas fábricas de componentes da empresa brasileira Embraer, a terceira maior produtora mundial de aviões.

Trata-se de mais um motivo de enorme regozijo, além do mais sendo um investimento particularmente emblemático e promotor do nosso país; mas sendo de esperar que outros da mesma índole sejam feitos também mais a norte...

Talvez por mera coincidência, quatro dias depois da excelente notícia de Évora o Governo e a imprensa deram grande relevo a um pacote de investimentos no norte, em Paços de Ferreira: com um volume total de 35 milhões de euros. Regozijando-nos também com estas iniciativas, aliás muito mais trabalho-intensivas do que a da Embraer, não podemos todavia deixar de chamar a atenção para

Poderá alguém afirmar que com a criação de novos centros urbanos e o desmesurado alargamento dos actuais, para acolher as centenas de milhares de pessoas (talvez mesmo milhões) que nos próximos anos se deslocarão para o sul do país (nós próprios estamos já a encarar esta hipótese de emigração, no nosso caso com o atractivo especial de irmos para mais perto das nossas origens familiares[19]), com habitações e todas as infra-estruturas de apoio necessárias, se **fomenta a indústria de construção**.

---

que se trata no conjunto de uma verba doze vezes menor do que a de Évora, numa região – a região Norte – que tem cinco vezes mais população do que o Alentejo... Os impactos não são comparáveis.

Do "esquecimento" do centro do país pelos nossos responsáveis foi dada mais uma notícia recente no *Jornal do Fundão* de 18 de Julho de 2008: com grande destaque, ocupando mais de metade da primeira página, tem o título esclarecedor *Auto-estrada avança em Espanha, Portugal dorme*. Aqui se lamenta que, estando a avançar rapidamente a espanhola A-5, devendo chegar à fronteira de Monfortinho em 2010, o IC-31 português "permanece esquecido": havendo todavia no nosso lado um centro termal e hoteleiro a valorizar, em Monfortinho, quando a primeira povoação espanhola está a 23 quilómetros da fronteira. O lamento tem de ser maior porque está em causa apenas uma distância curta, de poucas dezenas de quilómetros, até se chegar à A-23. E é ainda especialmente chocante que assim aconteça porque com esta construção passaríamos a ter uma ligação mais curta em auto-estrada entre o norte da área metropolitana de Lisboa e Madrid (não deixando todavia o autor destas linhas, com a sua origem materna em Elvas, de ter o maior gosto em que se passe por esta cidade, em automóvel ou de comboio).

Não nos cansamos de lembrar ainda que o "abandono" do centro e do norte do país corresponde a abandonar uma área em que está mais de 60% da população nacional (recorde-se da nota anterior), que além de justificar igual atenção muito poderia e gostaria de contribuir para o nosso desenvolvimento, caso tivesse as infra-estruturas e outras condições requeridas para tal.

[19] Com frequência pessoas amigas, quando em conversas discordamos das assimetrias que as nossas políticas vão agravando, dizem-nos que a solução estará em irmos para Lisboa (com a consequência muito simpática de ficarmos mais próximos delas).

A migração interna, a deslocação das pessoas, será sem dúvida, como referimos já, a solução alternativa, inevitável, a um desenvolvimento razoavelmente equilibrado do nosso país, na linha de dever prevalecer a *people's prosperity*

Julgamos todavia que é possível dinamizá-la de um modo bem mais correcto, desde a implantação das infra-estruturas de transporte (a par de tantas outras) que ainda nos faltam (e mencionamos neste texto) à recuperação e à promoção dos meios urbanos onde está ainda a grande maioria da população portuguesa. É de facto bem melhor, num país cuja população total não deverá aumentar (ou aumentar muito), promover o que está já ocupado, preservando as reservas de terrenos de que ainda dispomos (de pouco ou nada adiantará uma legislação muito exigente, a experiência é muito clara, face às pressões que vão verificar-se, escudadas em argumentos sociais e de conveniência económica bem apresentados...)

No caso português (tal como nos demais da Europa), para além de um importantíssimo problema de ordem ambiental e social, está ainda um problema de racionalidade e competitividade num quadro de economias abertas, a merecer a atenção prioritária neste livro; com especial relevo, a que voltaremos adiante, para a necessidade de, no interesse de todos, não se verificar na Península Ibérica uma polarização apenas ou quase apenas de Madrid.

c) Com a consideração da localização dos nossos recursos, poderá pôr-se a hipótese de basear a competitividade portuguesa numa estratégia de polarização ou de bipolarização, assente apenas

---

sobre a *place prosperity* (recorde-se da nota 13). Poupar-se-á em comboios rápidos bem como em centros tecnológicos, hospitais, escolas mais qualificadas etc., etc., não sendo necessário localizá-los nas diferentes regiões do país...

Temos todavia as maiores dúvidas sobre que seja o caminho a seguir (irmos todos para Lisboa!), mesmo do ponto de vista de quem, sendo desta cidade, faz a referida sugestão simpática: tendo designadamente em conta a qualidade de vida aí e a sua capacidade competitiva (com as inevitáveis deseconomias externas), indispensável – com a sua força – para o desenvolvimento do todo nacional.

A imagem que nos ocorre com frequência é do dono de uma herdade de razoável dimensão que tem uma horta junto da residência: podendo pôr-se-lhe o problema de saber se deve explorar da melhor maneira possível todo o terreno ou concentrar-se apenas na horta, não tendo de fazer caminhos de acesso mais rápido e outros investimentos...

na área metropolitana de Lisboa ou talvez também (cada vez com mais dificuldades, face ao que vamos ver!) na área metropolitana do Porto.

São duas áreas onde há já hoje uma assinalável concentração de população (40% do total), de equipamentos e de capacidade em geral. No PNPOT (p. 88) é mencionada alguma desaceleração na concentração populacional, na última década, mas não deixa de se sublinhar (p. 179) que se estima "que entre 44% e 50% do crescimento do VAB do país, no horizonte dos próximos vinte anos, poderá ocorrer no Arco Metropolitano de Lisboa (Oeste, Lezíria, Área Metropolitana de Lisboa e Alentejo Litoral)", que " o espaço metropolitano do Porto poderá, por sua vez, ser responsável por 22% a 26% do crescimento" e que, "no conjunto, estes dois espaços, que correspondiam em 1999 a 68% do PIB português, poderão representar entre 69% e 75% do seu crescimento até 2020".

Uma estratégia desta natureza, fundada na existência aqui de maiores economias de escala e externas, com factores determinantes de dinamização, está na linha da "teoria" do **motor** ou dos **motores da economia** (tendo, alegadamente, efeitos positivos de arrastamento, de *spill-over*, da generalidade das economias dos países[20]). Na sua lógica, tendo Portugal de competir com metrópo-

---

[20] Uma versão sofisticada e "simpática" desta perspectiva é adoptada pelo QREN (o Quadro de Referência Estratégico Nacional, aprovado pela Resolução do Conselho de Ministros n.° 86/2007, de 3 de Julho), mais concretamente no Anexo V. Contrariando grosseiramente a filosofia e a legislação da União Europeia, chega ao ponto de desviar para a Região de Lisboa (ou talvez do Algarve) verbas que deveriam ser destinadas às regiões mais pobres, de "convergência", as regiões que estão abaixo de 75% do PIB *per capita* da União Europeia (as Regiões Norte, Centro, Alentejo e Açores).

Assim se faz com a alegação de que "os investimentos na região de Lisboa sempre tiveram um forte 'efeito de difusão' (*spill-over effect*) sobre todas as outras regiões". Só faltou ter a coragem de se afirmar que **contribuiram mesmo para diminuir os desequilíbrios regionais em Portugal**.

Ora, a racionalidade da política regional da UE é exactamente de que há um **ganho geral com um maior equilíbrio**, com um aproveitamento maior de todas as potencialidades e evitando-se congestionamentos onerosíssimos que prejudicam a qualidade de vida dos habitantes das áreas mais ricas e a sua eficiência (a discussão passa para o patamar de se saber se a oneração das entradas de viaturas só com um passageiro deve ser a primeira ou a última solução...).

A sorte para Portugal está, como voltaremos a sublinhar, em que **em Bruxelas não se acredita no que nós afirmamos e praticamos no nosso país**, que as áreas mais desfavorecidas são muito (mais?) beneficiadas, ficando mesmo "gratas", com a concentração de benesses nas áreas privilegiadas. Se acreditassem, as verbas do FEDER deveriam naturalmente ser concentradas na Alemanha e na Holanda, com efeitos de *spill-over*, a partir daí, promotores de Portugal, da Grécia e dos novos membros mais pobres (desviando-se por isso recursos destes países, designadamente do nosso, para os países mais ricos da União Europeia)...

Com a "excepção de territorialidade" o QREN, através do Anexo V, desviou para as regiões já mais favorecidas (no fundo, para Lisboa) verbas destinadas à investigação e desenvolvimento tecnológico (I & D), à formação profissional, ao acompanhamento de projectos e à reforma da administração pública, verbas que deviam ter sido destinadas às regiões de "convergência", as regiões mais pobres.

Assim se fez não se admitindo (ou não se conhecendo, com um mínimo de conhecimento do país!) que no Porto, em Coimbra, em Aveiro, em Braga, em Évora ou em Ponta Delgada haja instituições universitárias ou de outras índoles (v.g. centros tecnológicos ou de formação profissional) com capacidade para utilizar da melhor forma as verbas em análise, v.g. em estreita ligação com o meio empresarial.

Um mínimo de conhecimento da nossa realidade mostraria porém que temos aqui instituições e zonas especialmente vocacionadas para tirar o melhor proveito deste tipo de apoio, no maior interesse do país.

E de nada adianta, pelo contrário, afirmar que se trata de verbas de pequeno relevo (de qualquer forma com muito relevo para os centros de investigação e formação profissional e para os consultores influentes que estão a ser indevidamente beneficiados...). Sendo "modestas", é ainda maior a segurança de que haveria nas regiões de "convergência" capacidade e dinâmica para lhes ser dado o melhor aproveitamento.

E alguém acredita em que não seria assim muitíssimo maior (ou mesmo que só assim se verificaria...) um efeito de *spill-over* sobre as regiões mais pobres,

les como Madrid ou Paris, com vários milhões de habitantes, teríamos de ter metrópoles de dimensão semelhante. Seria uma ingenuidade seguir uma linha de disseminação de esforços.

É todavia hoje em dia bem conhecido, em alguns casos com consequências dramáticas, que há por seu turno enormes deseconomias externas e de escala com as grandes aglomerações.

Podemos ilustrá-lo (tratando-se de um caso com consequências muito "pesadas") com as indemnizações compensatórias aos transportes urbanos de Lisboa e Porto (que, a haver, não deveriam limitar-se a estes centros...) ou com tantos outros custos das concentrações, ponto a que voltaremos em 8. Aqui, podemos chamar a atenção para a realidade dos demais países, por exemplo para a realidade francesa[21], contrapondo-a à realidade (de "organização" do espaço) que a partir da Holanda, passando pela Alemanha, vem até à Suíça, no que é conhecido por "banana de ouro" da Europa. Tendo 65%% da riqueza do nosso continente, com grande parte da sua capacidade competitiva, não tem nenhum centro urbano da dimensão de Lisboa ou mesmo do Porto[22].

---

muito maior do que sendo as verbas despendidas a centenas de quilómetros de distância?

Tem pois toda a razão a contestação da Junta Metropolitana do Porto (cfr. o referido *Expresso* de 18.10.2008), ao usar os meios de que dispõe para tentar sanar uma violação tão grosseira dos Regulamentos da União Europeia (voltaremos a este ponto na nota 95).

[21] Com deseconomias e custos bem ilustrados em Monod e Castelbajac (2008), de onde (p. 110) é o mapa 3 do nosso texto.

[22] É um espaço apenas com centros urbanos de pequena e média dimensão, a nascente de Londres e Paris; ficando a poente Berlim, cidade mais populosa mas que, como se sabe, não é de forma alguma o centro económico da Alemanha, sendo relativamente poucas as sedes sociais importantes que estão aí (sendo ainda sintomaticamente muito mais relevante, v.g. para voos intercontinentais, o papel dos aeroportos de Frankfurt e Munique).

Está-se assim de acordo com as linhas de orientação do EDEC (Esquema de Desenvolvimento do Espaço Comunitário), transcritas no PNPOT (p. 38): apontando designadamente para o "desenvolvimento de um sistema de cidades policêntrico e equilibrado, bem como o reforço da parceria entre espaços urbanos

As novas tecnologias de informação e comunicação, v.g. com a *internet*, vieram aliás favorecer recentemente este tipo de ocupação do território, sendo indiferente estar-se colocado num pequeno centro urbano ou numa *megalopolis*: sem as deseconomias desta e com as mesmas oportunidades de gestão e de fechar negócios.

---

e rurais" e para a "promoção de sistemas de transportes e comunicações que favoreçam um desenvolvimento policêntrico do território da União Europeia e que constituirão uma condição necessária para a boa integração das cidades e regiões europeias na UEM".

São infelizmente orientações "desconhecidas" no nosso país, perdendo competitividade e bem-estar e afastando-nos cada vez mais dos nossos parceiros da União.

Com a sua racionalidade, designadamente na ocupação do território (nos espaços em causa sem nenhuma aglomeração urbana sequer da dimensão do Porto), vale a pena sublinhar que a Alemanha tem um superave comercial (de mercadorias) de 279,8 milhares de milhões de dólares (o maior do mundo), a Holanda de 61,4 (os dois maiores saldos positivos da União Europeia), ou ainda por exemplo que o superave da Suíça é de 16,4, tendo os três vindo a aumentar nos últimos anos (cfr. de novo o *The Economist* de 18 a 24 de Outubro de 2008; e *infra* a nota 112).

No fundo, só aqui, em países sem cidades de grande dimensão e com territórios equilibrados (sem irracionalidades), além disso, é curioso sublinhá-lo, basicamente em territórios do interior, estamos a ter capacidade competitiva face às potências emergentes do novo mundo globalizado…

Importa acrescentar ainda que no *ranking* das dez ou vinte melhores universidades do mundo encontramos quase só universidades localizadas em cidades pequenas ou médias, grande parte delas dos Estados Unidos (Stanford, Yale, Harvard, Princeton ou ainda por exemplo o MIT, a que se juntam na Europa Oxford e Cambridge). São além disso quase todas privadas, o que mostra bem a força da sociedade civil nestes países.

Trata-se de situação ilustrada pelo mapa 3, com sedes sociais[23]:

MAPA 3

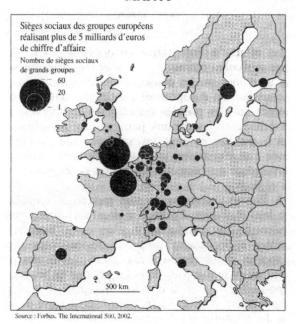

Os mapas 1 e 2 do nosso texto mostram bem que é possível, com todo o realismo, ter entre Setúbal e Braga (até à Galiza, como sublinharemos adiante) um modelo desta natureza, não com uma "banana de ouro" mas com um "rectângulo de ouro", uma "área metropolitana" competitiva em termos europeus, com efeitos disseminados no conjunto do território (designadamente no interior, com a ligação a Espanha): só aqui, numa visão alargada das coisas, podendo ter-se uma desejável alternativa à polarização de Madrid, numa área policêntrica, com todas as vantagens e sem os inconve-

---

[23] Com mapas semelhantes, referindo também *performances* verificadas, pode ver-se Vandermoten e Van Hamme (2007, pp. 389, 391 e 392).

nientes de continuarem a acentuar-se os problemas de congestionamento (mesmo de segurança urbana e sub-urbana...) de Lisboa e Porto.

Apesar do empenho afirmado em vários pontos do PNPOT (não valerá a pena referi-los todos), infelizmente não é todavia este o modelo seguido no nosso país (até agora e no futuro), "preferindo-se" seguir antes o "modelo grego", de um país com a dimensão de Portugal onde é também enorme a concentração na capital (tudo "está" e "acontece" em Atenas...).

Pela nossa parte, preocupados com a qualidade de vida das pessoas e com a competitividade mundial da nossa economia, teríamos preferido os modelos da Holanda, da Alemanha e da Suíça...

d) Numa época de abertura crescente, desde logo com a Espanha, nosso único vizinho, não pode por seu turno desconhecer-se o ordenamento deste país.

O mapa da Península Ibérica (mapa 4) é só por si esclarecedor do quadro em que temos de nos inserir:

MAPA 4

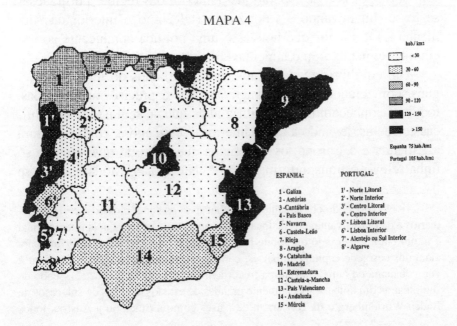

É o mapa de uma área em que o "centro" demográfico e económico está em grande medida na periferia geográfica: por exemplo na Catalunha, no País Basco, na Galiza e no litoral português entre Setúbal e Braga.

Havendo de qualquer forma a posição de grande centralidade de Madrid, não poderia deixar de privilegiar-se a ligação de "todas" as áreas mais dinâmicas do nosso país, com a sua força própria, a essa cidade: como grande mercado, mas sendo por seu turno seguro que seria esse também o interesse espanhol. Sublinharemos por isso em 6.2 o "erro histórico" do traçado do TGV de ligação à capital espanhola, comprometendo a nossa integração no espaço ibérico.

Mas para além de Madrid há que ter em conta que em Espanha há uma dinâmica assinalável de outras cidades do interior, com bastante grande população, circunstância com relevo acrescido quando deixou de haver qualquer forma de fronteira física entre os dois países (não se parando quando do seu atravessamento, com a concretização do "mercado único de 1993) e com os transportes terrestres a assumir naturalmente um relevo crescente.

Seria por isso de esperar que o interior das regiões portuguesas se fosse dinamizando e valorizando (tal como o interior da Alemanha...), a menos que houvesse uma política conducente ao seu empobrecimento, como lamentavelmente acontece.

Um equilíbrio razoável nos centros urbanos do interior português, com cidades muito atractivas (não é preciso mencioná-las, todos as conhecemos!), permitiria aliás que se seguissem as políticas correctas: levando a que o interior tivesse agora, com a abertura a Espanha e à Europa, os benefícios que o litoral teve quando só tinha relevo o transporte marítimo[24]. Não poderia todavia ficar-se

---

[24] Não podendo obviamente desconhecer-se os benefícios dos serviços portuários e de outras vantagens de localização no litoral, a experiência internacional é muito clara mostrando que **pode haver grandes dinâmicas no interior** (para além dos casos de capitais de países, como Madrid ou Paris). Podemos voltar a ver a "banana de ouro" da Europa (recordem-se o mapa 3 e a nota 22), sendo de sublinhar as dinâmicas especialmente grandes de estados alemães do sul, casos de Baden-Wurtemberg e da Baviera, e de países como a Suíça ou a Áustria, todos

numa atitude passiva, e lamentavelmente tem vindo pelo contrário a seguir-se mesmo uma estratégia negativa, com várias políticas e medidas de acentuação dos desequilíbrios no nosso país, como ilustraremos de 6 a 9.

Não pode de facto haver o mínimo optimismo a este respeito, quando é o Estado a provocar desequilíbrios gravosos que sem ele não se verificariam (**sem Estado Portugal seria mais equilibrado**...); de nada valendo os bons propósitos que de quando em quando são afirmados. As boas vias de comunicação rodoviária que têm vindo a ser construídas – louváveis e indispensáveis mas exigindo simultaneamente outras iniciativas – em lugar de levarem ao desenvolvimento do interior, têm vindo pelo contrário a provocar a drenagem dos seus recursos...

Mais concretamente, não vemos de forma tão favorável (admitindo vê-lo...) o que é dito no PNPOT, com a afirmação (p. 47) de que o "fim da fronteira" "não beneficiou apenas as cidades médias espanholas próximas da fronteira e dotadas de um maior potencial interactivo, resultante da sua população e do nível de concentração de funções públicas e privadas. O dinamismo destas cidades espanholas estimulou o desenvolvimento das cidades portuguesas próximas da fronteira, através do incremento das trocas comerciais, da expansão do turismo e da cooperação técnica, científica e cultural" (apontando-se a seguir alguns exemplos de cidades beneficiadas).

Tendo-se verificado, receamos todavia que seja apenas um efeito passageiro ou pelo menos sem implicações profundas, em alguns casos com a consequência de ter tido um *efeito de boom* imobiliário, mas havendo agora já dificuldades na venda e no arrendamento das casas. Enquanto em Espanha, com a regionalização e em geral a descentralização, passou a haver equilíbrio na distribuição espacial dos serviços, em Portugal continua a verificar-se, pelo con-

---

eles muito longe do mar... Nos Estados Unidos da América, vários estados e cidades especialmente dinâmicos são também no interior. E a cidade agora mais emblemática da Índia, Bangalore, que desafia o mundo em novas tecnologias, é bem no interior do país...

trário, um **processo de encerramento dos serviços fora de Lisboa**: em muitos casos com a diminuição da sua eficácia e com um doloroso empobrecimento dos quadros mais qualificados a nível local.

Quando lemos e ouvimos afirmações dos nossos responsáveis políticos, ficamos aliás por vezes na dúvida sobre se saíram alguma vez de Lisboa, só assim podendo compreender-se o mundo idílico de que vão falando. A título de exemplo, no QREN (p. 4204) afirma-se que "as políticas públicas de desenvolvimento concretizadas em Portugal nas últimas décadas com o apoio estrutural da União Europeia **asseguraram que o país se tornasse, de forma generalizada, mais coeso, com um interior menos estigmatizado...**".

Mesmo não tendo ido nunca ao interior, não consultaram ao menos as estatísticas, mostrando inequivocamente, em particular, que as Regiões Norte e Centro estão cada vez "mais longe" de Lisboa e que **o país está menos coeso**?

O que é aliás um "um interior **menos estigmatizado**". Conviria precisar o que é isto, em que o interior terá melhorado, para que se encontre algum "alento".

De facto, além de não ter sido invertido o movimento de reforço das duas áreas metropolitanas, especialmente de Lisboa (referido atrás, e no PNPOT também p. 179), o optimismo deste documento é moderado num número adiante (p. 181), com o título de *Risco de ligeiro aumento das disparidades territoriais do PIB per capita* (tendo-se a obrigação de conhecer as realidades portuguesas, presentes e futuras, como é possível ter-se a coragem de falar contudo apenas em **ligeiro aumento**?). Trata-se de ideia repetida no primeiro parágrafo deste número, ao qual se seguem dois parágrafos optimistas, de crença em boa medida no poder equilibrador do mercado.

Há que ter aliás ainda em conta que a diminuição dos PIBs *per capita* se verifica apesar da ajuda estatística da perda da população, **com a diminuição do denominador da fracção; ou seja, à custa do empobrecimento demográfico** que está a verificar-se (em grande medida **com a fuga da população mais jovem**). E uma eventual e desejável ajuda do mercado, v.g "a atracção de investimento extra-regional (nacional ou estrangeiro)" "exigiria" que deixassem de se seguir as políticas de favorecimento do(s) centro(s) já mais favorecido(s) a que nos referiremos adiante.

Há todavia neste sentido interesses e forças contra os quais pouco ou nada podem alguns ténues movimentos a favor de um maior equilíbrio (vê-lo-emos em 9), mesmo com as oportunidades abertas com a proximidade de Espanha.

6. **As infra-estruturas que "fogem das pessoas e das actividades" (a imperiosa necessidade de passar a olhar-se para o mapa de Portugal...)**

Os "bons propósitos" do PNPOT são contrariados, na sua concretização e principalmente fora dela, com medidas desequilibradoras especialmente relevantes (v.g. com infra-estruturas que "fogem das pessoas e das actividades", "desconhecendo" onde elas estão...).

Os bons propósitos são claros ao longo de todo o texto, designadamente na definição e na concretização dos Objectivos Estratégicos, com os objectivos específicos e a generalidade das medidas apontadas.

O Objectivo Estratégico 1 (em boa medida concretizado pp. 226-52) consiste precisamente em "conservar e valorizar a biodiversidade, os recursos e o património natural, paisagístico e cultural, utilizar de modo sustentável os recursos energéticos e geológicos, e monitorizar, prevenir e minimizar os riscos".

Depois, mais na linha da preocupação básica deste nosso artigo, temos que: o Objectivo Estratégico 2 (pp. 253-62) consiste em **"reforçar a competitividade territorial de Portugal e a sua inserção nos espaços ibérico**, europeu, atlântico e global"; o Objectivo Estratégico 3 (pp. 262-8) visa **"promover o desenvolvimento policêntrico dos territórios e reforçar as infra-estruturas de suporte à integração e coesão territoriais**"; e o Objectivo Estratégico 4 (pp. 269-82) visa **"assegurar a equidade territorial** no provimento de infra-estruturas e de equipamentos colectivos e a universalidade no acesso aos serviços de interesse geral, promovendo a coesão social" (negritos nossos).

São propósitos inquestionavelmente correctos, v.g. numa lógica de competitividade da economia portuguesa; devendo ter-se em conta a nossa realidade, em particular a localização dos nossos recursos e ainda por exemplo a complementaridade que tem de haver com a economia (e as infra-estruturas) de Espanha, numa linha inevitável e desejável de "integração no espaço ibérico"(sublinhada no título deste objectivo).

São aliás bons propósitos acompanhados do reconhecimento da "inadequação da distribuição territorial de infra-estruturas e de equipamentos colectivos face às dinâmicas de alteração do povoamento e das necessidades sociais" (p. 122; estando esta ideia reforçada p. 124).

Mas em alguns casos o próprio texto e para além disso, com muito maior relevo, decisões tomadas e a concretizar em breve levarão num outro sentido, impedindo a máxima racionalidade na utilização dos recursos de que dispomos e a máxima competitividade do nosso país (a acrescer a outros custos a que não podemos deixar de ser sensíveis).

Verificamo-lo com a maior mágoa, quando o mundo aberto em que temos de competir no século XXI não se compadece com ineficiências de tão grande relevo (para além da **acentuação das desigualdades entre os cidadãos, todos eles cidadãos do mesmo país...**).

Para algumas das reflexões que vamos fazer vale a pena ter presente o mapa seguinte (mapa 5), mapa de referência do PNPOT (cfr. pp. 205, 231e 369).

MAPA 5

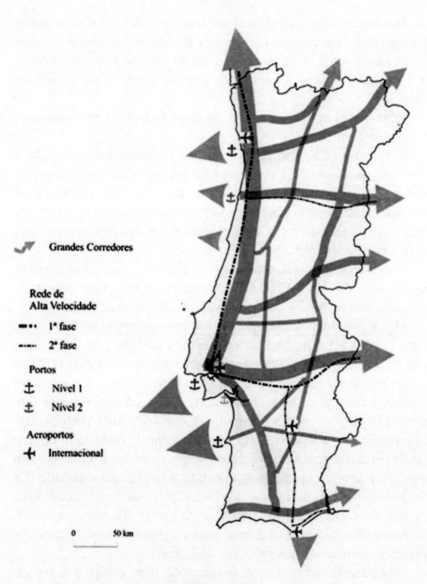

Fonte: SIG PNPOT, 2006
Acessibilidades e conectividade internacional em Portugal Continental

6.1. *O sistema portuário*

Mesmo com um assinalável aumento do relevo dos transportes terrestres, em boa medida com base nas infra-estruturas a que nos referiremos em 6.2, é de esperar e desejar que muito especialmente em Portugal continue a ser muito grande o relevo do transporte marítimo.

Trata-se do modo de transporte mais favorável em termos de custos e ambientais.

Como particular limitação, está naturalmente a impossibilidade de ser um transporte "porta a porta", pelo que há que considerar a sua articulação com outros modos de transporte, em especial com o transporte ferroviário (que por seu turno, não podendo também ser porta a porta, tem de ser complementado por ligações rodoviárias, de transporte público e privado).

No caso de Portugal, uma porta de entrada (e saída) na Europa, importa sem dúvida considerar as ligações de um porto de grande profundidade, como é o caso, aliás único, do porto de Sines.

Mas simultaneamente há que dar o relevo devido ao Transporte Marítimo de Curta Distância, mencionado no PNPOT (p. 255). Com todo o realismo, tem que ter-se bem presente que mais de 60% do tráfego marítimo da Europa é feito em navios de calado pequeno e médio, navios que são rentabilizados com uma carga menor (em menos tempo!) e que têm acesso a todos os portos portugueses, designadamente aos portos do norte e centro, onde tem origem grande parte das nossas exportações. Trata-se de navios que por seu turno, com um relevo ainda maior, têm acesso à generalidade dos portos do norte do continente, com um serviço de proximidade (por isso mais eficiente e mais barato) que não se verificaria com navios de grande dimensão, sem acesso a esses portos, alguns junto dos principais mercados consumidores da Europa.

Compreende-se pois que o mapa 6, bem como o texto do PNPOT, não deixem de mencionar portos de média dimensão[25].

---

[25] Sendo de criticar contudo a ausência de referência a um porto como o porto da Figueira da Foz, muito sectorial, com o predomínio da exportação de

Não se compreende todavia já a distinção que é feita quando (p. 256) se fala em "implementar uma estratégia de afirmação dos principais portos nacionais, integrando-os nas 'auto-estradas do mar' no espaço europeu, e desenvolver, em particular, uma estratégia para os sistemas portuários de Sines, Setúbal, Lisboa e das Regiões Autónomas", "inserindo os três primeiros num grande corredor rodoviário e ferroviário de acesso a Espanha e ao interior do continente europeu".

O "entusiasmo" por Sines, Setúbal e Lisboa (muito mais justificável pelo primeiro[26]) não deveria levar contudo ao esquecimento dos portos do "resto do país", servindo áreas muito exportadoras e também com ligações ferroviárias e rodoviárias a Espanha e aos demais países da Europa.

Por todas as razões, também em relação a eles deveria ser definida uma estratégia de promoção e articulação entre modos de transporte, a exemplo do que se faz nos "países bem organizados" do nosso continente, em muitos casos com portos de menor capacidade.

Mais concretamente, continuando o PNPOT a considerar a linha de alta velocidade Aveiro-Salamanca (cfr. o nosso mapa 5) e dispondo-se de qualquer forma da linha da Beira Alta (cfr. *infra* a nota 31), com avultados investimentos nas últimas décadas, não se justificaria que houvesse também uma estratégia para o aproveita-

---

madeira e pasta de papel, mas com um movimento apreciável, e susceptível de, desejavelmente, ser mais diversificado (em particular com a cabotagem, utilizando os trajectos de vinda dos navios actualmente sem ou com pouca carga).

Neste sentido, a imprensa de há alguns meses (designadamente as *Beiras* e o *Diário de Coimbra* de 11 de Abril de 2008) dava nota dos investimentos que vão ser feitos neste porto, com a Secretária de Estado responsável a sublinhar o seu relevo, em articulação com os demais portos do centro e do norte do país.

E mais recentemente é de saudar a instituição, neste (com Aveiro) tal como em outros portos, de uma administração com autonomia, num quadro jurídico societário (com capitais públicos).

[26] Há aliás o fundado receio de que a operacionalidade do porto de Lisboa fique diminuída com a ponte Chelas-Barreiro.

mento dos portos do norte e do centro, que servem áreas muito dinâmicas e exportadoras do nosso país?[27]

6.2. *O sistema ferroviário (a necessidade de haver comboios rápidos em Portugal: que façam o trajecto Lisboa-Porto em menos tempo que o trajecto Lisboa-Madrid, numa linha "rentável")*

A este propósito assume um relevo prioritário, ou deveria ter assumido, a implantação do TGV, servindo a área de maior densidade do país e fazendo a ligação dela a Espanha; naturalmente em articulação estreita com as linhas já existentes, de bitola ibérica[28].

Trata-se de propósito afirmado no PNPOT, dispondo-se p. 264 que se deve "assegurar no planeamento da Rede Ferroviária de Alta Velocidade do território continental, a articulação com o reforço e

---

[27] Trata-se aliás de discriminação negativa que não está de acordo, como fomos adiantando já na nota 25, não só com a realidade, como com intenções de investimento e afirmações que continuam a ser feitas (ainda recentemente pelo Primeiro-Ministro, José Sócrates, neste caso em relação ao porto de Leixões, sublinhando o seu papel "fulcral para as exportações": cfr. *O Primeiro de Janeiro* de 1 de Abril de 2008).

[28] As linhas antigas têm vindo a ser muito valorizadas com os TGVs, conforme tem sido bem evidenciado em países como a França e a Espanha. Percorrendo-se rapidamente o trajecto de TGV, há um ganho de tempo apreciável se na própria estação ainda do TGV (sem se ter pois de mudar de modo de transporte) se tomar até ao destino um outro comboio, ainda que mais lento. Demorando-se de Lisboa até ao Porto 1 hora e 15 minutos, valerá a pena tomar nesta cidade por exemplo um comboio para Guimarães, com um ganho de tempo significativo no trajecto total em relação ao uso de algum outro modo de transporte; tal como, também por exemplo, quem venha de Lisboa até Coimbra terá vantagem em tomar na futura estação desta cidade um comboio para a Figueira da Foz ou para Mangualde e Guarda.

Em muitos destes casos acaba por se ter um percurso global mais rápido (além de mais seguro, menos cansativo, mais económico, menos poluente, etc.) do que com a utilização do automóvel.

modernização das linhas e serviços do caminho de ferro convencional" (objectivo que havia sido já afirmado p. 256).

A articulação com o interior do país havia por seu turno sido já referida p. 187, sublinhando-se que "é necessário repensar o actual sistema de mobilidade, garantindo uma satisfação mais sustentada das necessidades de acessibilidade e o reforço de um modelo territorial mais policêntrico e estruturado, nomeadamente no que se refere ao eixo ferroviário norte-sul e às redes que favoreçam as centralidades nas regiões do interior"; posição correcta sublinhada ainda p. 256, onde se estabelece o objectivo de "concluir e executar o Plano Director da Rede Ferroviária Nacional, articulando as soluções de alta velocidade nas deslocações internacionais e no eixo Lisboa-Porto-Vigo com a concretização de um plano para a rede convencional, reforçando a interoperabilidade segundo padrões europeus, com destaque para a migração da bitola…".

Mas não é só no PNPOT que as intenções expressadas são correctas: tendo-se um país bem organizado, eficiente e com boas condições de vida para os nossos cidadãos, se os sonhos que estão nos textos aprovados fossem concretizados. Havia sido já "muito agradável" ler alguns passos do QREN[29] onde, depois de se afirmar que "o reforço das redes de estruturação do território – **melhorando a eficiência, a eficácia e a funcionalidade dos sistemas de transportes**, de telecomunicações e de energia – **é determinante para reduzir custos internos de contexto** e a situação de perificidade do país no contexto europeu e para valorizar a sua posição competitiva e geo-estratégica no contexto mundial, se acrescenta: "a aposta num modelo de melhoria da qualidade dos transportes e de elevação dos níveis de mobilidade sobretudo assente na expansão da rede rodoviária conduziu a uma deficiente intermodalidade dos transportes,

---

[29] Não o Anexo V, como vimos já (recorde-se a nota 20; e veja se *infra* a nota 95)! E o QREN no seu conjunto foi objecto de duras críticas no Parecer do Conselho Económico e Social, designadamente por "ausência de uma estratégia clara de desenvolvimento para o país, numa perspectiva de longo prazo"(ver também Peneda, 2007).

com excessiva dependência da rodovia e do uso dos veículos automóveis privados **e insuficiente atractividade dos outros modos de transporte, nomeadamente no meio urbano e, ainda, o ferroviário nas ligações interurbanas de elevada procura**..." (p. 4205). São ideias reforçadas algumas páginas adiante (p. 4235, também com o negrito nosso), sublinhando-se que "as intervenções a concretizar no domínio do Reforço da Conectividade Internacional, das Acessibilidades e da Mobilidade assumem, tomando em consideração os défices de conectividade internacional **e interregional, os objectivos de melhorar as condições de mobilidade das pessoas e a competitividade das actividades económicas do país no contexto global e a das regiões no quadro nacional**, indispensáveis para valorizar a posição geo-estratégica de Portugal"; acrescentando-se que "constituem inequívocas prioridades, neste contexto, a integração de Portugal na Rede Transeuropeia de Alta Velocidade Ferroviária, com particulares benefícios na melhoria das ligações entre Lisboa e Madrid **e no eixo entre o Porto e Lisboa, bem como os significativos aumentos de conectividade que serão proporcionados entre as grandes áreas metropolitanas e importantes cidades nacionais. As inerentes melhorias da acessibilidade ferroviária constituem importantes factores de valorização territorial, induzindo significativos ganhos de competitividade para as empresas e alargando as áreas de influência dos respectivos mercados, reforçando a capacidade de atracção de investimentos estruturantes de elevado valor acrescentado e potenciadores de efeitos de difusão sobre o tecido económico**".

São estes de facto os ganhos da aproximação, numa grande área metropolitana nacional, sendo já de relevo menor a poupança de uma hora e meia para quem se desloque entre Lisboa e o Porto apenas uma vez por semana (voltaremos a este ponto adiante)...

Os jornais de há algumas semanas vieram noticiar a "fuga" dos automóveis para os transportes públicos, por ter havido um problema de abastecimentos; num movimento que deveria contudo ser continuado, independentemente desse "incentivo" próximo, se os transportes públicos fossem de boa qualidade. Mais concretamente, a promoção dos transportes colectivos em *rail*, além de dever fazer-se, tal como acontece nos países "bem organizados", por razões ambientais e de ordenamento do território, era imperioso que se fizesse ainda como única forma de se fugir ao custo económico gravosíssimo do transporte rodoviário, em especial do transporte individual.

Mesmo admitindo que o preço do petróleo não continue a subir, ainda que com uma ou outra descida, na Europa e designadamente em Portugal há que ter em conta a dependência estratégica que não deixará de haver com esta fonte de energia. Não é preciso utilizar mais linhas com esta consideração, as notícias de todos os dias não podem deixar de nos obrigar a ter sempre presente o mapa do mundo!

Ora, com o mínimo de realismo não pode desconhecer-se que a dependência do petróleo não pode deixar de continuar a ser quase total com o transporte aéreo e com os transportes rodoviários: modos de transporte que em distâncias muito significativas e em particular nos transportes urbanos podem ser substituídos por transportes em *rail*, muito mais vantajosos também a outros propósitos. E só aqui é possível verificar-se uma dependência real da energia eléctrica, com produção nacional, designadamente com a produção hídrica e com as energias alternativas (também com a energia nuclear, quando vier a haver todas as garantias de segurança).

O transporte em *rail* deveria pois ser promovido devidamente também em Portugal, por si mesmo e em articulação com outros modos de transporte, designadamente com o transporte marítimo, com serviço aos portos, e com o transporte aéreo, com os aeroportos a ser servidos no seu interior, com as estações **dentro das aerogares**, pelas principais linhas de caminho de ferro (tal como acontece na Alemanha, na Suíça, na Holanda ou ainda por exemplo em França); sendo ainda indispensável ligar estas infra-estruturas aos transportes urbanos em *rail*, com metropolitanos e eléctricos de boa qualidade.

Face aos mapas 1, 2 e 4 (veja-se também *infra* o mapa 9), era inequívoco que na implantação do TGV deveria ser privilegiada a ligação Lisboa-Porto, não só tendo-se em vista a articulação com a rede convencional como ainda, com um interesse muito especial, para se evitar o transporte aéreo entre estas duas cidades, actualmente com mais de duas dezenas de voos diários. Só com uma viagem ferroviária de 1 hora e 15 minutos (havendo três paragens de permeio), ou pouco mais, se evita o transporte aéreo[30] (não devendo nunca perder-se de vista o interesse estratégico, já referido e a que voltaremos ainda adiante, de se reforçar esta área do ocidente peninsular).

Para além disso, teria de ter um grande relevo a ligação a Espanha, mais concretamente a Madrid (recorde-se de 5 d).

a) *A ligação a Madrid*

Tendo-se presente o mapa 4 *supra*, sabemos que há portugueses a defender o privilegiamento de uma ligação a França que não passasse por Madrid, julgando negativamente (talvez como menos "patriota"...) quem se "resigne" com essa passagem.

Mas importa manter sempre uma posição realista, em relação aos TGVs sabendo-se que a sua rentabilidade exige o serviço a um mínimo de 5 milhões de pessoas, dentro da distância (até cerca de 600 quilómetros) em que é competitivo com o avião. Não podendo deixar de ser neste quadro geográfico a medição da rentabilidade dos investimentos a fazer na Península Ibérica, de nada adianta para os cálculos saber que há em Paris cerca de 10 milhões de habitantes (ou em Londres talvez 8 milhões, só num círculo mais próximo...).

Mesmo um português não pode sentir-se bem a sugerir às autoridades espanholas um traçado de alta velocidade que não passe pela sua capital.

---

[30] O caso da ligação Bruxelas-Paris é paradigmático. Tendo sido entre estas duas cidades a primeira linha aérea regular do mundo, hoje, havendo TGVs que fazem a viagem em pouco mais de uma hora, já não há aviões a servi-la. O mesmo se passará obviamente na distância semelhante (na casa dos 300 quilómetros) entre Lisboa e o Porto, afastando-se qualquer dúvida que pudesse haver quando o aeroporto de Lisboa for em Alcochete: levando-se entre o aeroporto e o centro da cidade – fica-se a 52 quilómetros do Campo Pequeno, com a travessia do rio de permeio – mais de metade do tempo da ligação ferroviária. Já o comboio rápido, o TGV, tomará e deixará os passageiros no coração urbano.

Para além disso, importa saber se há algum interesse português em não passar por Madrid, tratando-se do transporte de pessoas[31]. Para as pessoas do norte de Portugal, tal como para as pessoas da área de Lisboa, Madrid é e será cada vez mais um importante centro de negócios e actividades culturais, a que sem complexos importa ter um acesso privilegiado. Mais concretamente, não vemos que seja um centro a "aproximar", com as oportunidades que oferece, para pouco mais de um quarto dos portugueses (mais a sul), mas não para mais de 60% (mais a norte), estando Madrid também a norte...

Só assim se conseguiria afinal, **de nada adianta fugir à questão e às nossas responsabilidades nacionais**, o reforço indispensável do papel de Portugal no espaço ibérico (podemos lembrar-nos da competitividade do "todo da Holanda", ou também da Suíça, na vizinhança da poderosa Alemanha, com balanças comerciais superavitárias...).

Vendo o problema "do outro lado", nunca compreendemos por seu turno que os espanhois, olhando para os mapas, possam estar interessados apenas numa boa ligação a Lisboa. Também eles têm interesses, "saudáveis", desejáveis e naturais, no conjunto do nosso país, vendo aqui oportunidades de negócios ou ainda por exemplo para fazer turismo. Tendo a população portuguesa a localização evidenciada pelos mapas já apresentados, será crível que aos empresários espanhóis não interesse um mercado de mais de 6 milhões de pessoas, no centro e no norte do nosso país, portanto muito mais do que duplo daquele a que ficarão a ter acesso, na área de Lisboa? Nos termos de uma pergunta que já formulámos em outras ocasiões, terão de repente mudado a sua natureza? Estou seguro de que não,

---

[31] Está fora de causa o transporte de mercadorias, que será de facto também do interesse espanhol que tenha acesso aos mercados da França e dos demais países da Europa por linhas fora de Madrid: tal como acontece agora e deverá continuar a acontecer, com melhorias nas infra-estruturas e na gestão dos serviços, na velha linha que passa pela Guarda e depois, na continuação da linha da Beira Alta, passa por Salamanca, Medina del Campo, Valladolid e Burgos, a caminho de França (via Irún e Hendaye).

pela consideração que nos merecem, como pessoas racionais e de visão, interessados também na integração do espaço ibérico.

O mapa da Península Ibérica (o mapa 4) é bem claro mostrando que Madrid está mesmo a norte de Coimbra, num paralelo mais perto do paralelo do Porto do que do paralelo de Lisboa.

Neste quadro, houve duas "hipóteses de trabalho", consideradas esquematicamente no mapa 6.

MAPA 6

Uma primeira hipótese, considerada no mapa como 1.ª versão, foi a do T deitado, com uma ligação a Madrid que serviria simultaneamente Lisboa e o Porto. Foi durante muito tempo a opção do Governo português[32].

Foi contudo abandonada repentinamente na Cimeira Ibérica da Figueira da Foz, no dia 28 de Abril de 2001, com a aceitação da solução em π, a 2.ª versão no mapa.

Os resultados da Cimeira foram apresentados como um sucesso, com uma "pletora" de ligações a Espanha em alta velocidade, "contentando" o norte, o centro e o sul com as quatro grandes linhas de TGV da 2.ª versão do mapa 6[33].

É este o projecto que se mantém no PNPOT, conforme pode ver-se no mapa 5 (também com os portos, como vimos atrás, e com os aeroportos, como veremos em 6.3).

Mas com o seu custo, em países (designadamente o nosso) onde ainda há tanto a fazer, era de recear, desde o início, que nunca chegasse a concretizar-se.

Impressionava aliás em especial que houvesse assim em Espanha linhas de alta velocidade (linhas novas) a uma distância de menos de 100 quilómetros, como pode ver-se no mapa 7:

---

[32] A nossa defesa (escrita) desta solução, em colaboração com Fernanda Costa e Rui Jacinto, remonta a quase duas décadas atrás (1990); sublinhando designadamente (voltaremos a este ponto adiante, no final desta alínea) a poupança de milhares de milhões de euros com os troços em comum do trajecto Lisboa-Porto.

[33] Houve então algum relatório analisando os custos e a rentabilidade da decisão tomada, uma decisão de tanta importância para Portugal e para a Península Ibérica?

Muito se alterou de facto em sete anos, na opinião pública (mesmo política) portuguesa. Depois de ter havido o consenso das forças partidárias, a concordar **ou pelo menos a não pôr em causa todos os TGVs**, mesmo os que poderia pensar-se que não fossem rentáveis, agora há quem julgue que nada é rentável, mesmo o que tem rentabilidade assegurada (a ligação Lisboa-Porto).

O que mudou em tão pouco tempo? Se algo mudou, aliás, foi uma evolução de circunstâncias que deveria ter levado a uma aposta ainda maior no transporte ferroviário.

MAPA 7

Sendo pois duvidoso que se avançasse com todas as linhas mencionadas, mais concretamente, vindo a decidir-se que não se avançaria com todas elas, poderia eventualmente "sonhar-se" com que se voltasse à solução em T.

A saída da dificuldade sentida, com a óbvia falta de verbas para a concretização de um projecto tão ambicioso e tão caro, foi todavia diferente: foi a solução de manter a solução em π, mas concretizada (pelo menos para já) só em parte: com a ligação de Lisboa a Madrid por Badajoz. Na designação feliz de Vital Moreira[34], passou-se "do T deitado para o L de Lisboa", uma ligação que "foge das pessoas" (recorde-se o mapa 1); e não pode deixar de recear-se que mesmo a ligação Lisboa-Porto, embora rentável, a única rentável[35], não seja feita...

---

[34] No título de um artigo no *Público*.

[35] Como se mencionará de novo adiante, mais do que uma vez (para que ninguém fique com a desculpa de não o saber...), a previsão feita, tendo em conta as previsões de tráfego, é de que haja 33 comboios diários, em cada sentido, entre Lisboa e o Porto, quando se prevê que se fique por 14, também em cada sentido,

Ou seja, o que, não se atendendo aos custos e à dimensão dos mercados a servir, tinha uma lógica com que podia eventualmente concordar-se, perde qualquer lógica com uma execução parcelar. Mais concretamente, o que teria uma lógica de equilíbrio do país, com todas as grandes áreas a ter ligações a Espanha em comboios de alta velocidade (com quatro ligações), perde toda a lógica, passando pelo contrário a ser um factor de agravamento dos desequilíbrios espaciais, acentuando o fosso entre o norte e o sul (além de inviabilizar financeiramente o investimento), só com uma das ligações a Madrid.

Há que sublinhar que, em termos políticos (de promessa...), o programa do π não foi abandonado, consta do PNPOT, do mapa que reproduzimos como mapa 5.

---

na ligação Lisboa-Madrid; mostrando os exemplos dos outros países que para os TGVs serem rentáveis tem de haver uma frequência superior a 16 comboios diários em cada sentido. Ainda há poucos dias o Ministro das Obras Públicas, Mário Lino, veio sublinhar muito naturalmente – seria preciso fazê-lo, face à evidência dos factos? – que o "TGV Lisboa-Porto é mais rentável do que a linha Lisboa-Madrid" (*Jornal de Negócios* de 30 de Junho de 2008): podendo aliás ter sido mais preciso, dizendo que é **muitíssimo** mais rentável, além disso que **só ele é seguramente rentável**! (voltaremos a este ponto essencial no texto, a propósito de uma investigação divulgada pelo *Jornal de Negócios* de 24 de Julho de 2008).

Com o respeito devido, não pode entender-se pois que economistas e outros responsáveis portugueses defendam a segunda obra **e não a primeira**; devendo aliás ter-se ainda em conta o objectivo estratégico de aproximação do país com comboios rápidos Lisboa-Porto-Galiza, com implicações nos domínios económico, social, cultural e mesmo político, com a **promoção do que é nosso**...

Só assim poderemos afirmar-nos, em termos nacionais e com dimensão e força bastantes, face à polarização de Madrid (poderá aceitar-se a preferência pela ligação Lisboa-Madrid, julgando-a mesmo simpática, **apenas da parte de alguém de Espanha**, como é o caso da referência que faremos adiante no texto...).

A experiência dos demais países, com tanto êxito conseguido com a introdução de comboios rápidos, mostra contudo também que os resultados excedem depois sempre as previsões, com a captação e o aumento de tráfego verificados (muitas vezes maior, como tem vindo a acontecer, a par dos demais exemplos, no caso da linha Madrid-Sevilha). Até hoje a única grande linha de TGV não rentável foi a de ligação Paris (ou Bruxelas...)-Londres, devido aos custos elevadíssimos do túnel sob a Mancha (e sendo a velocidade mais baixa em Inglaterra). Não pode por isso ser tomada como excepção a considerar em relação ao êxito mesmo financeiro dos demais TGVs.

Quem é do norte e do centro pode pois, se "quiser", ficar com essa "consolação", olhando para o mapa **várias vezes ao dia**... Mas a realidade é a de as demais linhas não estarem sequer calendarizadas. Está anunciado que as obras do TGV Lisboa-Madrid estarão concluídas em 2013 e as do TGV Lisboa-Porto em 2015, mas sobre as outras linhas não se diz se as obras começarão daqui a dez, vinte, cinquenta ou cem anos...[36].

Ainda que a linha Aveiro-Salamanca venha um dia a ser feita, virá sempre com um atraso de décadas, que contribuirá em enorme medida, num período tão sensível do nosso processo de desenvolvimento, para a acentuação do fosso que tem vindo a agravar-se, como vimos: com a Região Norte a ser já a região mais pobre do país, com o PIB *per capita* mais baixo, seguindo-se a Região Centro (com distritos destas duas regiões a "liderar" também os números de falências).

Receamos aliás (infelizmente, parece-nos inevitável...) que, perversamente, seja a própria escolha errada do traçado Lisboa--Madrid, um traçado descentrado e sem ambição em relação à população a servir, a levar ao adiamento para sempre (ao abandono...) da ligação pelo Vale do Vouga. Sendo aquela primeira ligação deficitária (ou quando muito equilibrada, na linha do que vimos há pouco...), com o traçado escolhido, a "fugir das pessoas" (com duas "curvas" quase em ângulo recto, em Espanha, para servir Mérida e Cáceres), será de crer que se construa uma outra linha, no caso espanhol à distância que o mapa 8 evidencia? Nestas circunstâncias, algum decisor político, daqui a dez ou vinte anos, será capaz de avançar com a segunda linha?

E alguma ilusão que pudesse haver não pode manter-se com a observação do mapa dos comboios de alta velocidade em Espanha[37], que se segue como mapa 8:

---

[36] *Sin fecha* ("sem data"), na designação em Espanha, onde aliás mesmo responsáveis de Castela-Leão têm pouco conhecimento, ou nenhum, da ligação Aveiro-Salamanca que consta dos mapas 6 e 7 (como percebemos num colóquio em que participámos...).

[37] País onde estão já em funcionamento ou lançados 1.700 quilómetros de linhas de alta velocidade (vimos já uma previsão, quiçá exagerada, de extensão até

MAPA 8

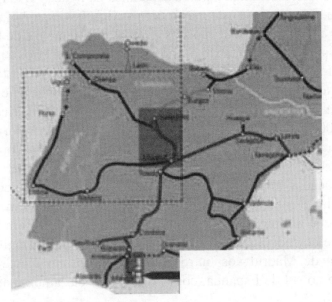

10.000 quilómetros), não havendo em Portugal ainda nenhum! O nosso país, que teve no século XIX um atraso de 8 anos na implantação dos primeiros comboios, terá agora um atraso de mais de 20 anos (talvez ainda muito maior) na introdução de comboios rápidos...

Impressiona além disso, com muito maior gravidade, que a actual falta de "conhecimento" do mapa do país não tenha tido paralelo quando, um século e meio atrás, foi projectada e concretizada a rede ferroviária nacional: com a qual o acesso a Espanha, pela linha do Leste, era feito com entrada em Elvas e confluência no Entroncamento, tornado, com a maior racionalidade, no centro principal de distribuição de tráfego do país.

Há que render aliás homenagem à percepção das coisas e à abertura de espírito dos nossos antepassados, naturalmente sem os meios técnicos de que se dispõe actualmente: quando se constata que o Entroncamento, então "escolhido", está a três quilómetros do centro ponderado do nosso território continental (tendo em conta a população), na freguesia da Melriça...

Eram bem maiores na época o conhecimento da geografia do nosso país e os horizontes de quem decidia!

Quem tivesse ainda alguma esperança na ligação Aveiro-Salamanca é bom que veja este mapa: com as ligações espanholas a privilegiar a Galiza[38] e no sul apenas as áreas do Alentejo e de Lisboa, ainda assim com um trajecto muito longo (56 quilómetros a mais do que se fosse com o T deitado, que por isso teria servido também melhor a capital portuguesa, poupando-se muito dinheiro e encurtando-se o tempo de viagem entre as duas capitais ibéricas: cfr. Porto 2007c)[39]. Em lugar de Portugal ter uma ligação valorizadora de toda a "área metropolitana" entre Setúbal e Braga, onde poderíamos ter sinergias à escala ibérica, acabamos por ter apenas uma ligação a uma área que pesará muitíssimo menos no contexto peninsular (tendo sido já afirmado, esperemos que sem fundamento, que as autoridades espanholas estão em dúvida em manter aqui a velocidade mais elevada[40]; passando a chegar-se muito mais depressa de Madrid aos outros destinos vistos no mapa, v.g. á Galiza e ao sul de Espanha, com Portugal a ficar ainda mais periférico...).

Num titulo sugestivo do *Extra* do *Público* de 21 de Dezembro de 2008, de onde é extraído o mapa 8, considerando-se também as décadas de atraso que estamos a ter, sublinha-se que o **TGV continua a passar ao lado de Portugal**...

---

[38] Bragança ficará a menos de meia hora do TGV, passando em Puerto de Sanabria. Seria bem servida se pelo menos um ou outro comboio aí parasse; o que não é todavia de esperar, não havendo perto nenhuma cidade espanhola de grande dimensão (poderá suscitar-se talvez o interesse de uma ligação atractiva a Leon, com um serviço de autocarros de grande qualidade: a partir de uma paragem que serviria também Bragança).

[39] Cfr. o *Sol* de 21 e de 28 de Junho de 2008. Ficará então Madrid muito "mais perto", em termos de tempo de deslocação, da Galiza e do sul da Espanha.

Defendendo nós o espaço português, não é todavia "fugindo" de Madrid que o conseguiremos, mas sim aproximando-nos com a **força resultante de uma valorização equilibrada e integradora do conjunto do nosso território**.

[40] Com a linha aberta também ao transporte de mercadorias, procurando-se assim para ela uma utilização maior, face à já referida pequena procura previsível para o transporte de passageiros...

Não está só em causa (o que não é pouco, por razões próprias e nacionais!) a perda de relevo do Porto e das demais áreas do norte e do centro de Portugal, afastadas nas ligações a Espanha e aos demais países da Europa de um modo de transporte determinante no século XXI: fica prejudicado o conjunto do país, limitado a uma pequena área, sem o contributo de regiões que ao longo do tempo têm evidenciado tanta capacidade de iniciativa. São aliás regiões onde ainda hoje, apesar de todas as contrariedades, com especial relevo para as políticas adversas que têm vindo a ser seguidas pelo poder central, vão aparecendo – por exemplo na área metropolitana do Porto e na área do vale do Vouga – empresas privadas de enorme êxito: não é preciso recordar os seus nomes, conhecidos de todos, no fundo os nomes que encabeçam alguns dos principais grupos empresariais portugueses, com assinalável relevo internacional! E o desenvolvimento de um país não depende de espaços, talvez a desafectar das reservas nacionais, ou de infra-estruturas caríssimas com poucos utilizadores, sobrevivendo ano a ano com indemnizações compensatórias extremamente onerosas: depende sim da comprovada capacidade de iniciativa dos homens, correndo riscos e lutando!

É este o factor que determina o êxito dos países do norte da Europa, com condições naturais muito menos atraentes do que as do sul e do conjunto do nosso país... Também neste caso será preciso recordar os nomes?

Não hesitamos pois a acrescentar que teria sido toda a Península Ibérica a beneficiar com uma visão larga das coisas, com a consideração de áreas tão relevantes de Portugal.

Com o traçado em T o TGV português poderia ter servido aliás também a parte sul da Galiza, numa estratégia de aproximação, a todos os títulos desejável, dessa região da Espanha com o norte e o centro do nosso país.

Importa referir ainda, **com enormíssimo relevo (e desgosto profundo..., dados os custos dos TGVs)**, que com os dois braços do T, da ligação Lisboa-Madrid e da ligação Porto-Madrid, **teria ficado "de graça"** a ligação Lisboa-Porto, comum a esses trajectos. **Não deveria ter sido consideração a ter em conta?**

Teríamos **poupado assim vários milhares de milhões de euros**; e teríamos um serviço muito mais amplo e rentável com **vários milhões de passageiros a mais nos trajectos**, comuns, de ligação nacional e de ligação a Espanha.

A angústia por não se fazerem contas em Portugal é acrescida agora, com a crise financeira mundial a mostrar que é intolerável que assim aconteça!

b) *A ligação Lisboa-Porto (Corunha)*

Na nossa perspectiva com o maior relevo, importará por fim, face à dúvida que por vezes se levanta em relação à ligação Lisboa-Porto (e Galiza), que não deixemos cair-nos na situação inaceitável em termos **nacionais** de se chegar **mais depressa a Madrid (em TGV) do que ao Porto ("agarrados" apenas à velha e mais do que limitada linha do Norte).**

Com toda a crueza, temos de perguntar **se é este o Portugal que queremos deixar aos nossos filhos**!

– *A criação de uma grande área metropolitana portuguesa*

Para além de todas as demais considerações, está em causa saber qual é a ambição para Portugal, face à força polarizadora de Madrid. Queremos resignar-nos a uma situação de subalternidade, sem uma força própria na fachada oeste da Península Ibérica? Ou, no interesse do todo ibérico, devemos lutar por que haja força neste local, com a capacidade de resposta que pode ser dada pela conjugação de esforços numa área geográfica com sete milhões de habitantes (bem mais do que nove milhões, perto de dez, com a aproximação dos habitantes da Galiza), com tantas provas de iniciativa e dinamismo dadas ao longo dos tempos?

Podemos achar simpático que um espanhol fique satisfeito com que Lisboa fique mais próximo de Madrid do que do Porto. Aliás, só por simpatia de um "nuestro hermano" podemos entender a afirmação recente do correspondente do *El País* em Lisboa, Francisco

Relea, no dia 26 de Junho de 2008[41], de que "ninguém põe em dúvida que a linha Lisboa-Madrid, que inclui uma terceira ponte sobre o Tejo, aproximará as duas cidades e mudará os hábitos dos viajantes, como já acontece entre Madrid e Barcelona. Não se pode dizer o mesmo do troço Lisboa-Porto, **menos justificável do ponto de vista económic**o" (negrito nosso).

Só mesmo "muita simpatia" pode levar a que se faça uma afirmação destas, quando não é preciso ser economista nem português para se ver o que é evidente: **exactamente o contrário, que só a ligação Porto-Lisboa é económica** (e segundo julgamos **financeiramente**) **justificável** (voltaremos a este ponto).

Naturalmente agora **como português**, não se compreenderá de forma alguma que me entusiasme com a aproximação a Madrid de Lisboa e de Barcelona, e já não com a aproximação a Lisboa do Porto e das cidades da Galiza, **claramente mais valorizadora do meu país, designadamente de Lisboa!**

Poderá aceitar-se que não seja assim?

No quadro do nosso território, não entendemos também por exemplo como responsáveis nossos se entusiasmem (com toda a razão!) com que o TGV Lisboa-Madrid ligue Évora a Lisboa em meia-hora, ficando à distância-tempo de Cascais, e não sejam já sensíveis ao que foi sublinhado num subtítulo de um artigo do *Tabu* (de 28 de Março de 2008, pp. 50-63) dedicado aos TGVs (*A hora do TGV*): "Viver em Leiria, por exemplo, e trabalhar em Lisboa será uma realidade. A viagem far-se-á em menos de 30 minutos". Como alentejano de origem, sinto uma alegria muito pessoal com a valorização de cidades do Alentejo (designadamente Elvas, a terra da minha origem materna, como recordei já). Mas os nossos responsáveis políticos não deveriam ser sensíveis à valorização também de cidades mais a norte, no seu interesse e no interesse do conjunto nacional, com um investimento que não é deficitário (e que não põe obviamente em causa o mais do que desejável desenvolvimento do

---

[41] Traduzido no *Courrier Internacional* de Agosto de 2008.

Alentejo)? Ultrapassa a nossa compreensão que assim não aconteça, que não haja preocupação também com **as regiões mais a norte, agora de facto "fora de moda"**, mas onde vivem mais de 60% dos portugueses ...

E convém sublinhar bem (para desfazer equívocos) que a vantagem de uma viagem se fazer em metade do tempo, de Évora, Elvas ou Coimbra, não é de facto significativa para quem a faça uma vez por semana (é o nosso caso, entre Coimbra e Lisboa) ou uma vez por mês, como será o caso de quem é contra comboios rápidos. **O que está basicamente em causa é aproximar pessoas, serviços, empresas, cidades e territórios,** ganhando-se com uma escala muito maior sem os inconvenientes de congestionamentos, ambientais, etc. (tal como acontece nos países da Europa com um tecido urbano equilibrado) de estar tudo num só pólo urbano. É com esta noção correcta e bem clara das realidades que os conhecedores de ciência regional sublinham o enorme ganho para Portugal de se dispor de uma verdadeira área metropolitana ente Setúbal e Braga!

Nas palavras esclarecidas de Tão (2008, p. 74, em resposta à pergunta sobre "o que será o espaço geoeconómico de Portugal no pós-2013, introduzida a Alta Velocidade Ferroviária, articulada com um conjunto de linhas convencionais melhoradas?"), "o estabelecimento de um corredor de alta velocidade, da Península de Setúbal à Área Metropolitana do Porto, englobando 75% da população do País e quase 90% do seu PIB gerado, será responsável pela **emergência de um conjunto de novas funcionalidades do território**, só mesmo comparáveis, em termos relativos, à unificação de mercados que se sucedeu rapidamente após a introdução do caminho de ferro em Portugal, no longínquo ano de 1856".

"Qualquer ponto intermédio do corredor Lisboa-Porto encontrar-se-á a uma distância-tempo de todos os restantes, inferior a uma hora e quinze minutos. Deste modo, adivinha-se **uma completa revolução a nível dos mercados de trabalho, e das escolhas residenciais, mercê de uma dinâmica aglutinadora, conseguida através duma acessibilidade não directamente dependente do petróleo.** Em muitos aspectos, as Áreas Metropolitanas de Lisboa e Porto tenderão a fundir-se numa só entidade, no seio dum eixo atlântico reforçado a que se juntará a Extremadura espanhola, e mais tarde, a Galiza ocidental. Por sua vez, a ligação Madrid-Lisboa reposiciona, em menos de três horas, a orla atlântica peninsular relativamente ao grande mercado, constituído pela aglomeração de seis milhões de habitantes do centro da Meseta Ibérica..." (negritos nossos).

Por nós, e estando no fundo em causa a hipótese (talvez a única realista!) de poder reforçar-se o todo nacional (evitando-se a decadência do norte e em grande medida do centro do país; aumentando aliás assim também a força competitiva de Lisboa), **não nos resignamos com a posição periférica para que Portugal está a ser conduzido**, com a angústia acrescida por sabermos que seria tão fácil (e rentável!) evitá-la!

Continuando a ver as coisas pela positiva, sobre o papel relevante, mesmo indispensável, que pode caber aos comboios de alta velocidade no desenvolvimento de Portugal e da Galiza, é de distinguir um texto recente de Fonseca Ferreira (2008a)[42].

Ombreando com as demais mega-regiões do mundo (são consideradas 40, na classificação de Florida), a Mega-Região Setúbal-Corunha está em 33.º lugar no *ranking*, com 9,9 milhões de habitantes (31.ª), 110 milhares de milhões de dólares de LRP, *light-based*

---

[42] Com o título esclarecedor, que aponta logo para o que está em causa e para o caminho a trilhar, *A Alta Velocidade (AV) como Alavanca de uma Estratégia de Desenvolvimento Económico*. Tendo por base em boa medida um livro de Florida (2008), distingue como exemplo a seguir o exemplo de Taiwan, na dificílima concorrência com a China. Num território que é pouco mais do que um terço do território continental português, por seu turno no seu litoral, é implantado um *High Speed Railway* (HSR), um TGV, um comboio que, em 345 quilómetros, aproxima e articula numa área metropolitana oito pólos de competitividade, aumentando decisivamente a sua capacidade de resposta.

Está pois aqui mais um exemplo a seguir, num país muito mais pequeno do que o nosso.

No nosso caso Mário Lino fala, correctamente, em **promover "uma nova forma de articular o território"**, ultrapassando-se "um estrangulamento do desenvolvimento do país", com as ligações actuais (cfr. o *Público* de 19 de Outubro de 2008).

regional product (33.ª), em 36.º lugar no que respeita a patentes e/inovação e em 28.º lugar no que respeita à concentração de cientistas: com vocações próprias e complementares nas várias áreas (em especial nas Universidades) de Portugal e da Galiza.

O quadro destas mega-regiões na Europa é dado pelo mapa 9, reproduzido do livro de Florida (2008, p. 55).

MAPA 9

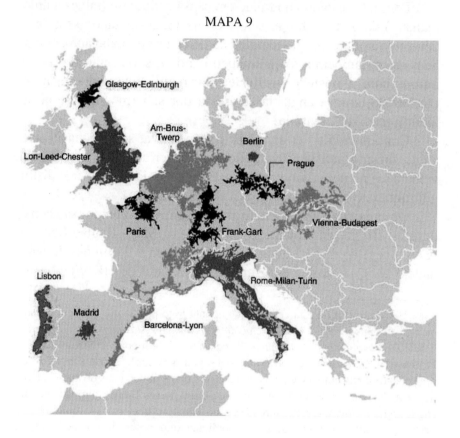

Com a capacidade de que dispõe, a "região" Setúbal-Corunha está à frente da Mega-Região de Madrid (embora muito atrás da Mega--Região Barcelona-Lyon, que ultrapassa pois a Península Ibérica).

E para quem seja compreensivelmente sensível, não só à dimensão e à capacidade das mega-regiões, também à sua imagem de marca, é de sublinhar que Florida (2008, p. 55) designa esta região como *Lisbon Region*. Ou seja, a nossa capital, que não seria mencionada num outro contexto, ou não passaria talvez de uma área periférica de Madrid, dá o nome, com a maior divulgação, a um espaço com relevo no quadro internacional.

E, sem dúvida, para além da designação promocional é de sublinhar o aumento de relevo, de Lisboa e de Portugal numa região com peso bastante: no fundo, uma área metropolitano com peso mundial.

O mapa 9 – é bom vê-lo com atenção! – é esclarecedor do que pode e deve ser a nossa ambição.

Como meio indispensável para se tirar o máximo proveito destas potencialidades, conclui naturalmente Fonseca Ferreira que na implantação do TGV em Portugal deveria ter sido dada "**prioridade à ligação Lisboa-Corunha em desfavor da ligação a Madrid**" (negrito nosso).

Não se consegue compreender aliás que possa entender-se o contrário (com o que vai ser feito e com as dúvidas que se levantam sobre a ligação Lisboa-Porto-Galiza), estando em causa o que deveria ser **um objectivo nacional**, o **reforço do nosso país** (em particular dando-nos condições para concorrermos e termos uma alternativa a Madrid); estando em causa, lembramo-lo de novo, um trajecto que justifica 33 comboios diários entre Lisboa e o Porto (e vice-versa), não se conseguindo ir além dos 14 entre Lisboa e Madrid,

– A rentabilidade da linha, com a procura que se verificará

Por seu turno, o que deveria ser já óbvio em relação à muito diferente "rentabilidade" dos projectos tornou-se agora melhor conhecido com um análise divulgada pela Antena 1 e pelo *Jornal de Negócios* de 24 de Julho de 2008, que todavia **requererá uma correcção, pelo menos uma actualização.**

De acordo com os cálculos feitos (não valerá a pena reproduzir aqui os números que estão na sua base), enquanto o TGV Lisboa-Madrid, para ser rentável, tem de ter oito vezes mais passageiros que actualmente o transporte aéreo entre as duas cidades[43], a rentabilização do trajecto Lisboa-Porto, muito mais "modestamente", requererá, alegadamente, 5,487 milhões de passageiros, mais 1,364 milhões do que o que se afirma vir a haver[44].

Não podemos todavia deixar de estranhar este número, muito aquém dos que vimos anteriormente (o que vimos antes era de 7,1 milhões de passageiros!). E mais concretamente a realidade, **a que**

---

[43] Numa ilustração esclarecedora, para a sua rentabilização seria necessário que todos os anos fossem de Lisboa a Madrid todos os portugueses com mais de 14 anos...

[44] Não conhecerá os números apontados, estes e ainda com maior relevo outros que se apontam no texto, quem, e são muitos, "acha" mais rentável (ou menos deficitário) o TGV Lisboa-Madrid do que o TGV Lisboa-Porto?

Entre outros, impressionou-nos particularmente um artigo do *Expresso* de 5 de Julho de 2008, da autoria de Alexandre Patrício Gouveia: *Economista explica porque o TGV é uma opção irracional: Um projecto ruinoso e desnecessário.*

Entre outras afirmações, afirma que "tanto no trajecto Lisboa-Madrid como, **sobretudo**, no trajecto Lisboa-Porto, o TGV provocará enormes prejuízos de explorações anuais" (negrito nosso).

Só a total ausência de conhecimento dos dados do problema (fez os cálculos com alguns números?; quais?), infelizmente não só deste autor, pode levar à afirmação de que é mais deficitário o trajecto Lisboa-Porto. São aliás rentáveis no estrangeiro linhas, de grande sucesso, com muito menos movimento do que esta linha. Não vale a pena ir mais longe, basta ver o que se tem passado com a linha Madrid-Sevilha.

Mas mesmo havendo um défice de exploração na casa dos 50 milhões de euros, na hipótese pessimista considerada, que estamos seguros de que não corresponde à realidade, é evidente o saldo positivo de uma análise de custos e benefícios financeiros, económicos, sociais ou ainda por exemplo ambientais **a que um economista não pode fugir**

Como diremos no texto, temos de perder aliás em Portugal o orgulho de pensar que só nós é que temos razão. Não são de facto "irracionais", "ruinosos" e "desnecessários" os investimentos em TGVs feitos nos demais países, em alguns casos com um volume de tráfego bem menor do que a do trajecto Lisboa-Porto. Temos de admitir com humildade que também aí há economistas e decisores competentes (não podemos passar-lhes um "atestado" em contrário...), estando os resultados bem à vista! Temos de admitir que só assim se justifica que continuem construindo TGVs...

não pode fugir-se (a quê ou a quem serve fazê-lo?), é de os Alfas terem transportado no mês de Julho de 2008 (com um acréscimo de 11,1% em relação a igual período do ano passado) 497 mil passageiros: com alguns – poucos – dos Alfas a ir até ao Algarve, mas indo neles passageiros que vão do trajecto Porto-Lisboa. Terá sido um mês excepcional, mas foi-o também seguramente o mês de Agosto, provavelmente com um número ainda maior; e ficou-se neste número bem aquém da procura verificada, porque a CP não tinha material circulante para mais comboios, capazes de corresponder a toda a procura que foi feita.

Pode pensar-se que haja menos passageiros nos outros meses, mas não muito menos, pois ao longo do ano o trajecto Lisboa-Porto é feito com toda a regularidade por pessoas nas suas actividades profissionais.

Tudo aponta, pois, sem qualquer dúvida, para que os Alfas já tenham hoje muito mais do que os 5,487 milhões de passageiros/ano necessários para que o TGV tenha ganhos de exploração. Acontece aliás que o TVG vai absorver também na integra os passageiros que fazem agora esse trajecto de avião (chega a haver 22 movimentos diários), muitos passageiros que vão nos inter-cidades (os 497 mil passageiros referidos foram apenas os passageiros dos Alfas...), bem como ainda o tráfego desviado da rodovia, quando se andar mais depressa de comboio do que de carro; e em Portugal, tal como nos outros países (com um enriquecimento enorme, desfrutando-se de novas oportunidades, por exemplo culturais, de que de outro modo não se beneficiaria...), viajarão no TGV muitas centenas de milhares de pessoas que de outro modo não se deslocariam (o acréscimo de deslocações é de mais de 30%, de acordo com a experiência conhecida). É bem sabido que por todas estas razões em todos os casos o movimento dos TGVs tem estado muito acima das previsões feitas.

É totalmente irrealista, pois, ter-se considerado nos cálculos feitos um movimento de 5,487 milhões de passageiros/ano no trajecto Lisboa-Porto. Faremos uma aposta com quem queira, apostando que será muito maior, não nos admirando (esperamos estar cá para ver, em 2015, além disso para passar a ser frequentador habitual do comboio; deslocando-nos depois em Lisboa e no Porto de metropolitano e eléctrico...) que venha a ser logo no começo **mais do que o dobro desse número**.

Mas mesmo com a previsão pessimista e totalmente irrealista que é feita, calcula-se que no trajecto Lisboa-Porto haja um défice de exploração de 54,5 milhões de euros por ano.

Ora, é bom que todos nós, em particular os cidadãos menos informados, tenhamos bem a noção do que **significa esta verba**.

Admitindo que houvesse de facto um défice, e é seguro que não haverá, a indemnização compensatória a atribuir seria pouco maior do que a que já, em 2007[45] (tem vindo a crescer ininterruptamente...) foi atribuída só à Carris (mais de 48,2 milhões de euros), e **muito menos de metade da que (também sempre crescente, caminhando-se pois para um terço...) é atribuída aos transportes urbanos de Lisboa e Porto** (131,4 milhões de euros!). E não podemos deixar de referir ainda que seria cerca de **um terço da indemnização compensatória atribuída anualmente à RTP** (mais de 152,27 milhões de euros), empresa que dispõe também de outro tanto de um imposto cobrado com as facturas da electricidade[46].

---

[45] As indemnizações compensatórias desse ano foram atribuídas pela Resolução do Conselho de Ministros n.º 149/2007 (publicada no *Diário da República*, 1.ª série, n.º 188, de 28 de Setembro de 2007); não sendo as de 2008 conhecidas ainda no início da quarta semana de Outubro, depois de os montantes globais terem sido aprovados no Conselho de Ministros do dia 10 ...

[46] Bem como, tal como está à vista de todos, de receitas de publicidade, acrescidas ainda das incorporações de capital, como veremos na nota 104. Continuando com comparações que não podem deixar de ser feitas, se a RTP fosse privatizada (não deixando naturalmente de se exigir às três empresas privadas que ficariam a actuar as obrigações de serviço público que cabem agora à RTP: por certo sem a necessidade de contrapartidas financeiras, sendo "contrapartida" suficiente a autorização para poderem actuar), teríamos uma poupança de verbas que só num ano seria suficiente para pagar seis anos do alegado (e seguramente não existente...) défice do TGV Lisboa-Porto...

A "folga" será ainda maior a partir de agora, com a indemnização compensatória à RTP acrescida para compensar o "importante serviço público" propor-

Na avaliação do investimento no TGV Lisboa-Porto não pode deixar obviamente de estabelecer-se também a comparação, igualmente na área dos transportes, com os investimentos no Metropolitano de Lisboa. Com começo no contrato para a ligação Amadora--Reboleira[47], até 2011 serão investidos 518 milhões de euros na construção de um escasso número de quilómetros, cerca de cinco:

---

cionado com a compra dos direitos exclusivos para a transmissão dos jogos de futebol nacionais ("serviço público" que naturalmente as televisões privadas bem teriam gostado de proporcionar, obviamente sem apoios do Estado...).

Vindo na imprensa que o custo da compra das transmissões terá sido de 16 milhões (uma cadeia privada derrotada teria oferecido 19 milhões...), é quase um terço do custo do alegado défice de exploração do TGV Lisboa-Porto (se existisse, sublinhe-se mais uma vez). Na nossa modesta escala de valores, trata-se de objectivo mais importante (aproximando o país e os portugueses, dinamizando a economia, criando, no interesse da ambas as partes, uma força própria face a Madrid, etc.), aliás sem alternativa para ser proporcionado por outra entidade, tal como teria acontecido com os jogos de futebol, que pelo menos a referida cadeia privada teria comprado, sem ser à custa dos contribuintes portugueses, tantos deles já tão sacrificados...

Na nossa escala de valores damos claramente muito mais relevo a uma indemnização compensatória (admitindo que fosse necessária) a um serviço de comboios que aproxima os portugueses, promove valores ambientais, de ordenamento ou culturais e cria condições mais favoráveis à nossa economia! Está num plano totalmente diferente a compra, ainda por cima **desnecesária**, de jogos de futebol...

Na imprensa só nos lembramos de ter visto uma referência elogiosa a este "êxito" da RTP (preferimos não a referenciar...), com a afirmação "entusiástica" de que teremos assim uma alternativa aos concursos e aos *shows* de qualidade duvidosa. Mas o mundo acaba aqui, uma estação paga pelos contribuintes portugueses não tem imaginação nem capacidade para organizar outros programas relevantes, v.g. culturais, para além do futebol, dos concursos e dos *shows*?

O autor deste texto não pode aliás deixar de fazer uma "declaração pessoal de interesses", afirmando que gosta muito de futebol, é mesmo "praticante", jogando aos Domingos. Mas bastaria que se transmitissem resumos alargados (**de todos** os jogos, não só de três clubes, e também de outros desportos, não só de futebol). Seria possível libertar assim tempo de antena para programas de índole cultural, política, etc.

[47] Assinado no dia 13 de Agosto de 2008 (cfr. por exemplo o *Jornal de Negócios* deste dia).

ou seja, cerca de **um oitavo** do investimento total para se ligar Lisboa e o Porto em comboios rápidos, para se fazer uma extensão sessenta vezes menor.

Cada um terá a sua escala de valores também a este propósito. Por nós, ponderando os custos (oito vezes mais, para uma extensão sessenta vezes superior...), damos mais valor à aproximação do país do que a meia dezena de quilómetros em Lisboa; mesmo tendo resultado muito claramente de todo este nosso texto que somos entusiasticamente a favor do transporte urbano em *rail*, em Lisboa[48], no Porto e nas demais cidades do país. Mas temos naturalmente de admitir, embora não concordando, que outras pessoas tenham uma escala de valores diferente, mais localizada (ou mais limitada, como se queira dizer) em termos nacionais.

A correcção da decisão sobre a ligação Lisboa-Porto em TGV tem por seu turno ainda um apoio enorme quando se comparam os custos de exploração do *metro*, não podendo naturalmente deixar de se atender também a esta vertente financeira dos projectos, agora e no futuro, num tempo de tanta exigência como o actual e o que se avizinha.

Ora, acontece que a indemnização compensatória ao Metropolitano de Lisboa em 2007, quando tem menos de quatro dezenas de quilómetros, foi de 24,305 milhões de euros; valor que tem vindo a aumentar ano a ano. Ou seja, menos de quatro dezenas de quilómetros em Lisboa tem um apoio que será perto de metade do défice de exploração dos cerca de 300 quilómetros de TGV a ligar as nossas duas cidades principais: estando todavia a comparar-se o certo,

---

[48] Saudamos muito particularmente que um dos investimentos a fazer, de 220 milhões de euros, a concluir no segundo semestre de 2010, seja, na Linha Vermelha, para ligar a Estação do Oriente ao Aeroporto da Portela.

Pena é que só agora seja feito, mas mais vale tarde do que nunca. E face ao **erro de Alcochete**, sem acessos aceitáveis, mesmo no futuro, ganha enorme peso, como veremos em 6.3, a defesa sensata da Portela + 1 para se servir Lisboa e uma parte muito significativa do país (sem novos investimentos e com custos energéticos e de transporte muitíssimo mais baixos).

repetido e agravado ano a ano, o défice do Metropolitano de Lisboa, com algo que é seguro que não se verificará, um alegado défice de exploração no TGV Lisboa-Porto.

Estamos certos de que não vai haver nenhuma reacção negativa, de políticos ou outros responsáveis, designadamente da imprensa (também da nossa parte, embora nada significasse...), em relação aos investimentos altos no Metropolitano de Lisboa, pelos quais vamos pagar (por meia dezena de quilómetros, um sexagésimo da distância) cerca de um oitavo do custo dos cerca de trezentos quilómetros da linha do TGV Lisboa-Porto, caso venha a ser feita (!); não podendo deixar de **sentir mágoa, mesmo revolta,** por que haja já reservas em relação a esta ligação, do interesse de tantos milhões de pessoas (mesmo de Lisboa, alagando o seu mercado), além do mais sem encargos sobre as gerações futuras (e com grande comparticipação no investimento)[49].

Poderá talvez retorquir-se que um dispêndio de verbas não justifica outro ou outros. Mas além de ser seguro o êxito financeiro da linha de TGV Lisboa-Porto, não será preciso fazer muitas contas para se chegar à conclusão de que os ganhos na vida e na saúde de pessoas (evitando-se drasticamente os acidentes), energéticos (v.g. em custos e com a já sublinhada menor dependência do petróleo

---

[49] As atitudes contraditórias em relação a um e outro caso só podem encontrar explicação com base nos ensinamentos da ciência política, como veremos em 9.

Por certo como consequência de mais um azar no *timing* político, na linha da referida escassa "compensação" ao norte com um investimento em Paços de Ferreira (que se seguiu ao anúncio de um magnífico grande investimento em Évora: recorde-se da nota 18), à boa notícia do investimento de 518 milhões de euros para se construir menos de uma dezena de quilómetros do Metropolitano de Lisboa, no dia 14 de Agosto de 2008, seguiu-se, como "grande notícia" do dia seguinte, do dia 15 de Agosto (cfr. o *Jornal de Notícias*; ou, confirmando-a, o *Público* do dia seguinte), que "Governo adia segunda fase do metro do Porto".

Esperamos bem que seja um mero adiamento, curto, no investimento num modo de transporte do futuro, no Porto e nas demais cidades do país (não podendo limitar-se a Lisboa e ao Porto).

e do gás), de diminuição de gases poluentes e de reforço da eficiência da economia portuguesa, acrescendo a tantos outros[50], estão muitíssimo acima dos 54,5 milhões de euros que alegadamente o serviço teria como défice.

Comparando-se esta situação com a do TGV Lisboa-Madrid, não pode deixar de suscitar estranheza que se prefira, ou queira apenas, o que pode talvez subalternizar o país e não é rentável (neste caso, com estimativas optimistas, a análise que estamos a referir aponta para um défice de exploração anual de 216,6 milhões de euros, mais do que quatro vezes o alegado défice de exploração da ligação muito mais longa e procurada (no território português...) entre Lisboa e Porto[51]), **rejeitando-se o que seguramente nos fortalece e é seguramente rentável.**
Não conseguimos entendê-lo!

Tem a maior actualidade no nosso país reflectir sobre a necessidade de melhorar ainda as acessibilidades: parecendo inequívoco que há ainda muito a fazer. Mas é indispensável ter prioridades, em

---

[50] Incluindo uma **maior aproximação entre os portugueses, numa grande área metropolitana, de Setúbal a Braga**; embora tendo de admitir, **com desgosto**, que possa haver quem não seja sensível a este benefício....

[51] Podendo inclinar-nos para o protelamento e mesmo o repensar da obra de ligação a Madrid.

Devendo infelizmente estar fora de causa voltar-se ao T inicial, não podendo deixar de entrar-se por Elvas (no fundo, a entrada tradicional, pela "velha" linha do Leste), será de considerar a passagem pelo aeroporto de Alcochete (atraindo--se a clientela de Espanha) e o entroncamento na linha Lisboa-Porto (o aeroporto fica a norte de Lisboa): com acesso por uma ponte sobre o Tejo muito mais barata do que a Chelas-Barreiro, sem os problemas da rentabilização pela rodovia (congestionadora e poluente da cidade) e com uma poupança assinalável de infra--estruturas de via férrea (nos quilómetros comuns a mais do que um trajecto: na linha Lisboa-Porto e na ligação ao aeroporto). É ainda um trajecto mais curto do que pela ponte Chelas-Barreiro para se chegar ao centro de Lisboa, a uma estação comum à ligação Lisboa-Porto.

Voltaremos a este ponto, designadamente na nota 76 e em 6.4, com a ilustração bem esclarecedora do mapa 12 (**sendo de facto indispensável que em Portugal se passe a olhar para os mapas e a fazer contas**!).

particular com o privilegiamento do caminho de ferro: onde se despenderam de facto verbas avultadas, mas tendo de dizer-se com toda a crueza que **em mais de meio século não houve nenhuma vantagem significativa, ou mesmo nenhuma vantagem, em termos de reduções de horários** (sendo chocante, dando uma ideia negativa dos nossos planeadores e decisores, que **só tenha havido melhorias reais – de horários – com as rodovias**).

E não podemos ter a ingenuidade de pensar, talvez por falta de informação, que não continuará a avançar-se nesse domínio, mesmo nos países já com melhores infra-estruturas: os projectos de TGVs em concretização, dinamizando por sua vez os caminhos de ferro tradicionais, mostram bem a aposta certa que está a ser feita, em relação ao futuro.

Não poderiam ser mais claras as palavras de um documento muito recente da Comissão Europeia, de 14 de Maio de 2008[52]. Num número intitulado *Responder à globalização e á mudança estrutural*, afirma-se que "garantir a **acessibilidade** ao coração do mercado europeu e facilitar o acesso aos novos mercados são pré-requisitos para reforçar o investimento privado, promover o mercado único e fomentar o desenvolvimento económico. Nas regiões da Convergência, **nomeadamente as da EU-12, as infra-estruturas de transportes apresentam sérias insuficiências e, por conseguinte, importantes investimentos nesta área continuam a ser muito necessários (82 mil milhões de euros no total ou 24% dos fundos totais)**. Dada a situação de partida destas regiões, **a utilidade marginal de tais investimentos é elevada e é visível o aumento esperado da produtividade total dos factores**"; e sublinham-se de seguida algumas áreas de intervenção, começando-se naturalmente pelo "**investimento em transportes sustentáveis, como o transporte público urbano, o caminho-de-ferro (na**

---

[52] O COM (2008) 301 final, com a *Comunicação da Comissão ao Parlamento Europeu, ao Conselho, ao Comité Económico e Social Europeu e ao Comité das Regiões sobre os resultados das negociações referentes a estratégias e programas da política de coesão para o período da programação de 2007-13*.

Polónia, espera-se que a rede ferroviária modernizada total triplique e passe de 538 para 1786 km)..." (primeiro negrito do original).

Será de sublinhar que a necessidade de investimento referida não se verifica apenas nos novos membros ainda menos desenvolvidos, o documento fala nas regiões de "convergência" da EU-12; sendo pois claro que está em causa uma necessidade de investimento que colocará na cauda da Europa um país como Portugal, se os nossos responsáveis não quiserem ver o sentido da história...

Está em causa, dramaticamente, não só um problema de qualidade de vida dos cidadãos como de competitividade europeia e mundial: devidamente reconhecido no PNPOT e no QREN, nos termos bem expressivos que vimos atrás (no início de 6.2, v.g. pp. 42--4); com um desafio que será cada vez mais difícil com a problemática energética, sendo sempre de recear aumentos e não podendo fugir-se a um grande vulnerabilidade internacional.

– *Uma redução significativa de tempo com o TGV, impossível com a linha do Norte: passando a demorar-se menos tempo do que de automóvel*

Como se sabe, o argumento repetido para que não se faça o TGV Lisboa-Porto é o de que não se justifica o investimento para "ganhar 15 minutos" no trajecto (Viegas, 2008, p. 30, fala numa redução de meia hora)...

O autor deste livro começa todavia a **estar cansado** lembrando vezes sem conta que não são 15 minutos a menos, **é menos perto de 1 hora e meia**: reduzindo-se das actuais 2 horas e 35 minutos do trajecto do Alfa mais rápido, aliás só um (da Estação do Oriente a Campanhã, mais 9 minutos se for de Sta. Apolónia) para 1 hora e 15 minutos. Com diferenças possíveis de uns escassos minutos, havendo menos uma ou outra paragem, é de qualquer forma uma redução **para cerca de metade do tempo; não tendo nós até agora conseguido perceber que contas são feitas, ou que horários e estudos são consultados**, para se dizer que o tempo total ganho é de 15 minutos...Era bom que nos mostrassem esses números!

Importa que comece a haver **cuidado nas afirmações que são proferidas**, os fins (que desconhecemos) não podem justificar todos os meios!

Não admira que seja tão grande a redução do tempo de viagem, com os Alfas mais rápidos (os melhores comboios do país!) a fazerem no século XXI uma média pouco acima dos 100 km/hora....

A dúvida ainda poderia pôr-se **se não fosse necessário construir novas linhas**. Mas a linha do Norte não comporta mais tráfego, tendo que ter comboios sub-urbanos, regionais, inter-cidades e de mercadorias (sobre a sua saturação e as suas dificuldades vale a pena ler a reportagem do *Extra* de 11 de Julho de 2008 com o título já esclarecedor de *Lisboa-Porto em comboio é um verdadeiro rali...*). Com um relevo decisivo, é bom que quem tem ou diz ter dúvidas tenha presente a "confissão" recente do Presidente da CP, Cardoso dos Reis (cfr. o *Público* de 13 de Agosto de 2008; onde se refere também o já mencionado *record* na utilização dos Alfas e intercidades no nosso país, com quase meio milhão de passageiros no mês de Julho de 2008, apesar de a CP não ter tido comboios bastantes para responder à procura ainda maior que se verificou...): "Se quiser meter mais um comboio entre Lisboa e o Porto, tenho de incomodar os suburbanos e os regionais, porque não há capacidade na linha para introduzir para mais oferta".

Não podendo prescindir-se dos comboios suburbanos e regionais, o que resta? Não serão naturalmente mais "remendos", num período em que importa que aumentem também os suburbanos, os regionais, os inter-cidades e os mercadorias. Não há milagres neste domínio, não se pode "meter o Rossio na Betesga"...

Não considerámos pois obviamente a hipótese de os referidos 15 minutos ganhos serem-no em relação a mais "melhorias" ("remendos") na linha do Norte. Têm vindo de facto a ser feitas, ao longo de décadas, com um custo a preços actuais de mais de 2.200 milhões de euros (**mais de metade do custo total do TGV Lisboa--Porto!**), praticamente sem ganho de tempo nenhum em relação ao *Foguete*, um comboio Fiat que há mais de meio século já fazia a ligação Lisboa-Porto em menos de três horas (dizem-nos que já assim acontecia mesmo antes, com um comboio designado *Flecha Dourada*; e o tempo era contado até ao Rossio, com uma demora sensível em relação à actual estação do Oriente...). Uma análise de custos e benefícios teria evidenciado que com as "melhorias" da linha do Norte **tem havido só custos ou quase só custos**, nenhuns ou quase nenhuns benefícios: **sem a possibilidade de**, com a sua sobrecarga, haver alguma **diminuição sensível nos tempos de deslocação** (a mesma ausência de melhorias nos horários tem vindo aliás a verificar-se com os investimentos avultados feitos na linha da Beira Alta).

Agora, a alternativa ao TGV com a continuação de "melhorias" viria a custar ainda 1.400 milhões de euros para se ganharem poucos minutos, pouco ou nada se ganhando ao avião e à rodovia e não se conseguindo a desejável captação de novos públicos (a necessidade do TGV, sem alternativa, e a capacidade de ampliação dos serviços prestados foram sublinhados devidamente em entrevista recente, ao *Tabu*, cit., de 21.3.2008, pela Secretária de Estado dos Transportes, Ana Paula Vitorino).

Para além de não ser possível, como se disse, ter a circular na mesma linha mais tipos de comboios (as melhorias na linha do Norte – que deveriam ter sido feitas com custos muitíssimo menores! – terão sido de qualquer forma úteis para os comboios sub-urbanos, regionais, inter-cidades, regionais e de mercadorias, além do mais servindo outros centros urbanos, desejavelmente e provavelmente com uma cadência maior nos próximos anos), importa que em Portugal, tal como nos demais países, comecem a ser feitas análises de custos e benefícios (**financeiros, económicos e sociais, incluindo os culturais**, análises **completas**). Se o custo de um investimento (no caso em apreço de qualquer modo indispensável, tendo de haver duas linhas em cada sentido) é duplo mas leva a um acréscimo de procura muito mais do que duplo, retirando passageiros ao avião e à estrada e criando novos públicos, financeiramente poderá ser mais do que justificado; mas para além disso tem de ter-se na conta devida que a acrescer aos benefícios imediatos há enormes ganhos ambientais (recordaremos adiante números impressionantes a este propósito!), de ordenamento e para a economia em geral, "aproximando-se" as várias áreas do país; para não falar já na enorme e obviamente não quantificável poupança de vidas e ferimentos com as pessoas que, num número muito significativo, deixam de recorrer ao transporte rodoviário. Estima-se que a quota do mercado ocupada pelo caminho de ferro possa subir, com os TGVs, para várias vezes mais do que os actuais 4% (com especial relevo a partir de agora, com o já referido e inevitável aumento enorme dos preços dos combustíveis). São inequívocos os êxitos conseguidos em França, em Espanha e nos demais países. A título de exemplo, com o TGV a quota do mercado preenchida pelo transporte ferroviário no trajecto Madrid-Sevilha subiu de 33 para 84% (costuma citar-se a promoção de Ciudad Real, neste trajecto, cidade fortemente valorizada, com alívio para Madrid; sendo seguro que em Portugal haverá exemplos semelhantes, no interesse de todos…); e no primeiro mês de funcionamento o TGV Madrid-Barcelona transportou 400 mil passageiros (ainda assim, menos do que o Alfa português no mesmo mês!), o que representou um aumento do volume de passageiros de 66% em relação ao mesmo mês do ano anterior (cfr. Ribeiro, 2008, p. 80).

Chega a ser aliás caricato que no último meio século, quando eram seguros os inconvenientes da sobrecarga evitável do transporte rodoviário (a agravar-se no futuro, com a alta dos combustíveis), tenham sido construídas duas auto-estradas paralelas entre Lisboa e o Porto (progressivamente com três faixas em cada sentido), uma delas com grande extensão sem portagens, e se tenha mantido, para um modo de transporte inegavelmente muito mais favorável, apenas as duas vias férreas da linha do Norte, uma em cada sentido, que vêm do século XIX (com remendos caríssimos e que obviamente não poderiam permitir reduções significativas nos tempos de deslocação, com o congestionamento que se verifica).

A razões de rentabilização dos nossos dinheiros somam-se pois todas as razões que já vimos, de diferentes naturezas (bem como ainda outras, mesmo de ordem familiar e cultural, com a facilidade de acesso aos locais onde se tem parentes ou onde há um espectáculo que não pode esperar-se que seja apresentado em várias cidades do país) para que não possa haver a mínima dúvida em relação à vantagem de haver TGVs entre Lisboa e o Porto, mais concretamente, até à Galiza, servindo no seu interior (voltaremos a este ponto adiante) o aeroporto de Pedras Rubras (com as aproximações ao interior, v.g. através das linhas convencionais, que já sublinhámos atrás).

E, tendo de fazer-se linhas novas, por todas as razões **têm de ser linhas do século XXI, não do século XIX**!

Não há aliás nenhumas dúvidas a tal propósito em boa parte dos países da Europa, grandes e pequenos: passando a rede dos TGVs dos cerca de 4.000 quilómetros actuais para cerca de 20.000 já em 2020. Fora da Europa os exemplos vão do Japão, da China (a primeira linha, de 150 quilómetros percorridos em meia hora, entrou em funcionamento no dia 28 de Julho de 2008) e da Rússia a um país africano bem perto de nós, a Marrocos. Não deve impressionar-nos, por outro lado (embora não se compreendendo!), a ausência de TGVs nos Estados Unidos, país (com pequena densidade populacional) onde são poucas as preocupações com o ambiente: sendo responsável por 25% das emissões mundiais de CO_2.

E não é correcto invocar por exemplo que a Irlanda, com um grande êxito económico recente, ou a Suíça, com um êxito bem mais antigo, não têm TGVs. A Irlanda tem 4,1 milhões de habitantes e a distância de Dublin à segunda cidade do país, a Cork, é de cerca de duas centenas de quilómetros, mais ou menos a mesma que a Belfast, na Irlanda do Norte. Por seu turno a Suíça, além de ter comboios bem mais rápidos do que os nossos (e articulados com os transportes aéreos), tem também uma dimensão muito menor, menos de metade da superfície de Portugal continental, e 7,3 milhões de habitantes. Viegas (2008, p. 31) junta ao exemplo deste último país, também como "bons exemplos a seguir, de países sem TGVs", os países nórdicos. Alguns são de facto muito mais extensos, mas com grande parte da superfície nas zonas polares (v.g. nas Lapónias); estando as suas populações, em geral muito menores do que a portuguesa (4,6 milhões de habitantes na Noruega, 5,2 milhões na Finlândia, 5.4 na Dinamarca e já 9,0 milhões na Suécia) concentradas no sul dos países, com distâncias curtas entre as cidades maiores. É totalmente diferente o caso português, com o Porto a distar de Lisboa cerca de trezentos quilómetros e a Corunha mais de seiscentos (mais do que a distância de Lisboa a Madrid); não podendo comparar-se as populações que nesses países poderiam ser servidas por um TGV com os 9,9 milhões de habitantes entre Setúbal e a Corunha...

O já referido e indispensável reforço da "costa atlântica" exige pois comboios de alta velocidade, aproximando entre si, complementando-os, os centros urbanos desta área ocidental. A necessidade de extensão à Galiza foi ainda recentemente sublinhada pelo Presidente da Câmara Municipal do Porto, Rui Rio, chamando aliás a atenção para o que está em causa, quando se receia a sua não concretização: apenas 147 quilómetros entre o Porto e Vigo, dado que a Espanha vai avançar com a construção do TGV Corunha-Vigo. Perde pois ainda mais sentido a falta de ambição portuguesa que estamos a criticar (cfr. o *Diário de Notícias* de 12 de Julho de 2008).

É bom que percamos aliás a velha tradição de nos satisfazermos por estar "orgulhosamente sós", felizes por **só nós ou quase só nós termos razão**, estando **todos ou quase todos os demais errados**. Lembramo-nos a tal propósito do orgulho de uma mãe que, vendo o filho numa marcha militar, se sentiu orgulhosa por só ele ter o passo acertado, estando todos os demais com o passo errado... Quando se vê os países melhor organizados a apostar nos comboios rápidos e na articulação entre os transportes aéreo e ferroviário, temos de ter a **humildade de admitir que nesses países haja economistas competentes, que avaliaram devidamente os investimentos feitos**. Mas, mais do que de análises *ex ante*, **dispomos já de uma experiência de décadas**, com um êxito que tem ultrapassado largamente as melhores expectativas. Alguém acredita que os referidos países **continuariam a investir nos TGVs**, tal como estão e continuarão a fazer, se a experiência não fosse extremamente positiva?

Poderá sem dúvida haver obras que eventualmente se justifiquem sem ser pela sua "rentabilidade" económica e financeira: v.g apenas ou em muito maior medida por razões religiosas ou culturais, como acontece com tantas obras, das catedrais que se foram construindo ao longo dos séculos a obras actuais, como é o caso do Centro Cultural de Belém. Numa lógica "economicista" nada disto teria sido feito.

Mas o caso do TGV é muito diferente, com o objectivo nacional, na nossa lógica prioritário, de coesão e promoção do país e aproximação entre os portugueses, a ser reforçado pela rentabilidade do investimento.

Sendo mais do que decisivas as justificações lembradas, é de referir ainda que com a continuação apenas de comboios com **velocidades de há mais de meio século** está mesmo em causa a imagem do país. Quando convidamos um estrangeiro a vir a Portugal, mais concretamente a Coimbra, de Lisboa ou do Porto, sublinhamos que os Alfas são **esteticamente muito atraentes** e **cómodos**, mas fugimos a dizer a distância entre as cidades: para tentar **evitar a vergonha de que façam contas** e constatem que os melhores comboios de Portugal fazem no século XXI médias muito pouco acima dos 100 quilómetros por hora, ou ainda (o que nos envergonha ainda mais!) **que é muito mais rápido vir de carro**...

Depois do entusiasmo das últimas décadas com a construção de auto-estradas e estradas que levaram a que os tempos de deslocação se tenham reduzido para metade, um terço ou mesmo menos tempo, importa que por razões de segurança das pessoas, ambientais, sociais, culturais, económicas e mesmo financeiras (como se disse, reforçadas com os inevitáveis aumentos dos combustíveis, que vão continuar, provavelmente mesmo acentuar-se) haja um entusiasmo muito maior com a circulação de comboios que tenham tempos de deslocação menores do que os dos automóveis. Não é pedir de mais, estando em causa um modo de transporte a todos os títulos mais favorável: não podendo quedar-nos, enganando-nos a nós próprios, com "remendos" não competitivos dos caminhos de ferro portugueses!

A poderosa "campanha anti-TGV" que está em curso pode aliás ser alimentada, mesmo não havendo essa intenção, por títulos que, sem distinguir os casos concretos, falam em **falta de rentabilidade dos comboios**. Assim acontece com um título de primeira página do *Jornal de Negócios* de 24 de Julho de 2008, *Nem TGV nem novas estradas de Sócrates são rentáveis*[53], encabeçando um artigo que todavia tem números que evidenciam que não haverá défice de exploração na ligação Lisboa-Porto. Acontece todavia que grande parte das pessoas não chega a comprar os jornais, vendo-os apenas nas bancas, ou comprando-os fica-se apenas pela leitura dos títulos. São pois os títulos que influenciam basicamente a opinião pública.

Receamos aliás que comece a criar-se na opinião pública um sentimento de má-vontade em relação à própria designação "TGV", que faça perder o realismo das coisas, tal como com a "campanha anti-Ota", com a "diabolização" da palavra "Ota", se conseguiu fazer passar **mensagens totalmente distorcidas**, desde logo a de que se trataria de uma solução mais cara do que a de um aeroporto a sul do Tejo ou de que se trataria de um aeroporto perigoso. Também aqui o ambiente de má-vontade foi sendo alimentado através dos títulos dos jornais, em alguns casos sem correspondência nos próprios textos dos artigos (ou "fundamentados" em valores totalmente forjados, como veremos em 6.3...). Será melhor por isso deixar de se falar em "TGVs", fugindo-se a essa "carga" negativa, falando-se antes em **comboios rápidos**, com a **velocidade dos comboios dos outros países da Europa**, ou que **fazem médias semelhantes às** dos automóveis, não se "assustando" assim as pessoas (com o mesmo receio, e para não "assustar", desde há tempo,

---

[53] Na mesma linha pode ainda por exemplo recordar-se o título do *Jornal de Negócios* de um outro dia: *TGV para ser rentável precisa de mais três milhões de passageiros*. Mete-se assim tudo "no mesmo saco", quando os números mostram inequivocamente, como vimos, que são totalmente diferentes as situações Lisboa-Caia e Lisboa-Porto, não podendo suscitar-se dúvidas de sustentabilidade em relação a esta segunda ligação. Entre Lisboa e o Porto não são "precisos" sequer mesmo mais passageiros do que os que já hoje procuram os Alfas, mas a previsão realista a ter em conta tem de ser obviamente de uma procura muitíssimo maior.

em relação aos **desejáveis e mesmo indispensáveis transportes em** *rail* **em cidades** sem ser Lisboa e Porto, designadamente em Coimbra, preferimos **falar em eléctricos, não em metropolitanos** de superfície...). Assim se evitarão "sensibilidades" e "angústias" (não acreditando, com seriedade, que se trate de receios...).

A crise dos combustíveis, não podendo seriamente pensar-se pelo menos que tenham uma redução de custo sensível, o que é de lamentar, pode ter todavia o mérito de levar a opinião pública e os políticos a ir para soluções mais correctas dos pontos de vista do ordenamento, ambiental ou ainda por exemplo de segurança do tráfego, tendo-se em conta a vida e a saúde das pessoas: acrescendo, com grande relevo, que o transporte em *rail* pode ter uma dependência total da electricidade, sem as contingências e as dependências do petróleo e do gás.

Para tal tem vindo a contribuir a opinião de comentadores com a maior qualificação e o melhor esclarecimento, tomando posição em relação às prioridades que estão sobre a mesa no nosso país (em particular no que respeita ao TGV e ao futuro aeroporto de Lisboa: tema a considerar no próximo número).

Nesta linha é de sublinhar um artigo de Fernando Madrinha, com o título *TGV ou Aeroporto* (no *Expresso* de 5 de Julho de 2008). Depois de admitir algumas dúvidas, afirma: "O que sei, porque está à vista de todos, é que os preços dos combustíveis não vão parar de subir – podem até baixar conjunturalmente, mas nunca para os valores de há um ano ou daí para trás. Pela simples razão de que o petróleo já mal chega para as encomendas e chegará cada vez menos. Ora, o delírio dos preços não pode deixar de ter efeitos ruinosos no transporte aéreo, como já se está a ver com a TAP e com a generalidade das companhias. As próprias 'low cost' passarão em breve a 'high cost'ou à falência. E até que se encontrem substitutos para os hidrocarboretos, é muito provável que viajar de avião, assim como viajar de automóvel a gasolina ou gasóleo, volte a ser o luxo de há 30 ou 20 anos".

"Ora, o comboio – e especificamente o de alta velocidade – – apresenta-se como uma alternativa ao avião, válida e de futuro, dentro de cada continente. **Daí não se perceber bem por que é que, entre os que contestam as grandes obras anunciadas, o TGV aparece como a primeira a abater. Mais depressa se compreenderia o finca-pé no adiamento do novo aeroporto**. Afinal, se a procura do avião diminuir como tudo parece indicar, **a Portela pode servir por muitos mais anos do que aqueles que os peritos calcularam numa situação global completamente diferente da que hoje vivemos**[54] (negritos nossos).

E conclui em termos jocosos: "Mas isto, claro está, é o que ocorre a quem nada sabe de aeroportos e TGV. Nem de certas campanhas políticas desencadeadas para eleitor ver".

Com a leitura deste texto fica-se com pena de que em Portugal as decisões sobre transportes não sejam tomadas por "quem nada sabe de aeroportos e TGV". Seria melhor para o país!

Também com o maior realismo, face ao que não pode deixar de nos esperar, é de referir igualmente, a par de outros[55], um artigo de Nicolau Santos (2008, com o título bem significativo *O mundo mudou e nós temos de mudar*). Aqui chama correctamente a atenção para que "**é essencial colocar todas as fichas no desenvolvimento do transporte ferroviário**, na modernização dos portos" (mesmo de pequena e média dimensão, exigindo menores custos de acesso, acrescentamos nós: recorde-se de 6.1) "e na frota marítima" (negritos nossos); defendendo ainda que (depois de ter sido "um entusiástico defensor de um novo aeroporto") deveria ser

---

[54] Com o relevantíssimo valor acrescido de passar a ter ligação à via férrea (convencional e TGV) e ao conjunto da cidade de Lisboa com a linha do metropolitano, a linha Vermelha, ligando a aerogare da Portela à estação do Oriente (recorde-se da nota 48 e, com maior relevo, veja-se o que diremos em 6.3). Valerá a pena calcular a poupança de investimentos e de gastos energéticos anuais em relação às ligações a Alcochete.

O povo português não terá direito a conhecer a **poupança de milhares de milhões de euros** que seria conseguida assim?

[55] Por exemplo ainda o editorial de Pedro Santos Guerreiro, no *Jornal de Negócios* de 24 de Julho de 2008, sobre *O TGV, as estradas, as obras públicas*.

suspensa por algum tempo a construção do novo aeroporto de Alcochete"[56].

Tendo-se em conta ainda os custos de congestionamento e de poluição sonora destes dois últimos modos de transporte, não vemos de facto que possa protelar-se a ligação em TGV entre Lisboa e o Porto (ainda a Galiza), um investimento com resultados positivos de exploração que por seu turno será indispensável para dar força própria à economia portuguesa[57].

– *A necessidade de em Portugal passarem a ser tidos em conta os custos ambientais*

Por fim, e com **enorme relevo**, Portugal não pode continuar a fugir às suas responsabilidades ambientais, em geral e perante os seus cidadãos. Não podemos de facto desconhecer que os danos ambientais são totalmente diferentes entre os vários modos de transporte: estando calculado que **a emissão de CO_2 por passageiro/**

---

[56] Nicolau Santos defende também a suspensão de imediato de "todos os investimentos em novos troços de auto-estradas que foram anunciados pelo Governo".

Seríamos todavia selectivos, havendo alguns que são indispensáveis à "aproximação" de Portugal, em particular de áreas desfavorecidas onde não é possível chegar de comboio (ainda a aproximação com Espanha de zonas do interior, tal como deverá acontecer com o troço de auto-estrada "esquecido" a que nos referimos na nota 18). No sentido de se verificar algum desincentivo à utilização da rodovia e uma repartição tanto quanto possível justa dos encargos com os investimentos, importa é que, sem excepções, deixe de haver auto-estradas sem portagens; com uma discriminação positiva para o interior nos termos referidos *infra*, no final da nota 103.

[57] Não valerá a pena lembrar de novo (poderá haver dúvidas?) outras virtualidades deste investimento, algumas já repetidas, podendo agora acrescentar-se ainda uma mais: a pontualidade dos TGVs, com a RENFE a indemnizar os passageiros quando (o que é naturalmente raríssimo) haja qualquer atraso, o que seria impensável, salvo para atrasos de grande dimensão, desde logo para o transporte aéreo. Levaria todas as companhias à falência imediata...

/quilómetro é de 2,2 gramas com o TGV, 30 gr. com autocarro, 115 gr. com veículo ligeiro e 153 gr. com avião.

Podemos "desconhecer" estes números, designadamente que **por pessoa** esta grave forma de poluição **é 50 vezes maior com o carro individual do que com o TGV, ou mais de 70 vezes maior com o avião**, sendo seguro que o TGV é o único meio de transporte a desviar todo o tráfego dos aviões num trajecto de algumas centenas de quilómetros e a promover um desvio significativo do trânsito das estradas (para além dos demais custos evitados e benefícios proporcionados)?

Não terá de ter-se consciência dos malefícios ambientais evitados, a par de outros inconvenientes, bem como dos benefícios que serão (seriam...) conseguidos, quando se põe em causa a ligação Lisboa-Porto?

6.3. *O sistema aeroportuário (o caso do novo aeroporto de Lisboa: repensar a Portela e o abandono irreversível da Ota, com contas completas e actualizadas, evitando-se "O Erro de Alcochete", com custos muitíssimo mais elevados)*

A localização do novo aeroporto de Lisboa, por seu turno, sempre na preocupação de bom serviço e aumento da competitividade do país, também deveria ter sido determinada tendo em conta a população e as actividades a servir, em articulação com os outros modos de transporte: com o privilegiamento das vias férreas, de velocidade alta e normal (para corresponder a todos os tipos de procura, v.g. a procuras de distâncias diferentes)[58].

Um aeroporto do século XXI não pode ser servido basicamente pelas vias rodoviárias, por certo em grande parte dos casos com veículos individuais.

---

[58] Trata-se de preocupação tida bem em conta em Gaspar (1999, pp. 48-9), com a consideração de diferentes tipos de serviço ferroviário a um aeroporto.

Ao abordarmos estes pontos, bem como outras vias de acessibilidade, tendo relevo para todas elas, importa voltarmos a ter presentes os mapas de Portugal: desde logo o mapa 1, com a localização da população (a que poderiam acrescer vários outros, com indicadores da localização das actividades económicas) (podem recordar-se também os mapas 2, 4 e 9).

Face a este(s) mapa(s), não pode deixar de ser feita uma primeira reflexão sobre as distâncias entre si dos aeroportos internacionais do continente português abertos à aviação civil: Porto (Pedras Rubras), novo aeroporto de Lisboa, Beja (com abertura já no próximo ano) e Faro.

Lisboa está quase de permeio entre o Porto e Faro, a 312 quilómetros da primeira e a 297 quilómetros da segunda cidade, sendo todavia o aeroporto de Pedras Rubras ainda uns quilómetros mais acima.

Sendo assim, a localização do futuro aeroporto de Lisboa a sul do Tejo acentua a diferença, que seria atenuada (no sentido contrário, mas **ao encontro das populações**...[59]) com a sua localização na Ota.

O "privilégio" do sul é todavia reforçado, em qualquer caso, com a abertura do aeroporto de Beja à aviação civil, sendo a distância a Alcochete de cerca de 170 quilómetros e a Faro de 149 quilómetros (pouco mais que uma hora de carro...)[60].

---

[59] Com a observação do mapa 1 e o conhecimento da realidade portuguesa é difícil ou mesmo impossível entender que, na crítica à escolha anterior da Ota, se tenha dito que "a escolha do novo aeroporto não pode ser tomada de costas voltadas para a população" (Henriques, org., 2007, p. 12).
Não sabemos que comentário será possível fazer...

[60] Trata-se de "privilégio" que será atenuado, não evitado (!), se se concretizar a iniciativa da abertura à aviação civil da Base Aérea de Monte Real, a que voltaremos na nota 74.
Sobre o aeroporto de Beja pode ver-se um texto de Queiroz (2008), procurando encontrar a sua justificação com voos *low cost* e com complementaridades em relação a Lisboa e Faro.

São de facto implantações (dos aeroportos) que não têm nada a ver com a realidade do nosso país, **não têm nada a ver com o país real**, ilustrado pelos há pouco referidos mapas 1, 2, 4 e 9 (são também elas infra-estruturas que "fogem das pessoas"!). A menos que se queira mudar, "forçar" essa realidade, tal como pusemos atrás como hipótese, **hipótese para que lamentavelmente se caminha**...

Não é aceitável, com especial realce, que em pleno século XXI não haja a preocupação de servir basicamente (na maior medida possível) pelas ferrovias um novo aeroporto: atenuando-se custos de congestionamento e ambientais, alargando-se sensivelmente a população e a actividade económica a beneficiar e só assim se rentabilizando os enormes investimentos que são feitos[61]; só assim se reagindo ainda de forma realista e correcta ao inevitável (no presente e no futuro!) aumento dos preços dos combustíveis, bem como a uma maior e arriscada dependência energética.

O PNPOT não pode pois deixar de ser criticado por não ser suficientemente explícito a tal propósito, ao dizer apenas de um modo muito geral que entre os objectivos estabelecidos está (p. 312) " construir o Novo Aeroporto Internacional de Lisboa com condições operacionais adequadas em termos de segurança e ambiente, ajustadas ao desenvolvimento dos segmentos de negócios estratégicos de passageiros e carga e à promoção de conexões e interfaces dos transportes aéreos com os transportes terrestres, como forma de garantir uma maior coerência, integração e competitividade ao conjunto das infra-estruturas de transporte, enquanto factor determinante do desenvolvimento económico e social do país...".

É certo que se fala em "transportes terrestres" no plural, mas num documento orientador da estratégia de ordenamento do nosso

---

[61] Com uma grande preocupação por todas estas componentes, por isso defendendo naturalmente a Ota, pode ver-se do autor destas linhas um trabalho já do início dos anos 90 (1992).

Recentemente foram publicados em dois volumes os contributos proporcionados num colóquio promovido pela Comissão Parlamentar de Obras Públicas, Transportes e Comunicações da Assembleia da República (Assembleia da República, 2007).

território, onde se sublinham preocupações de "ambiente" e de "coerência, integração e competitividade" no "conjunto das infra-estruturas de transporte", não podia deixar de ficar expressado com toda a clareza que se trata de objectivos que só podem ser atingidos com os aeroportos a serem servidos, "em plena via"[62], por linhas ferroviárias de grande tráfego.

A par dos outros valores, é intolerável, voltamos a sublinhá-lo, que por falta de visão não sejam rentáveis investimentos que poderiam sê-lo, servindo-se menos e pior e sobrecarregando-se financeiramente as gerações futuras. Trata-se de responsabilidade (**mesmo moral, acrescentamos nós**!) de ter transportes rentáveis quando é possível tê-los, que não deixa de ser referida no PNPOT[63].

O estudo do LNEC (2008), por seu turno, não deixa naturalmente de considerar as acessibilidades ao novo aeroporto de Lisboa, designadamente as acessibilidades em *rail*. Fá-lo todavia sem medir

---

[62] Trata-se de "exigência" mínima de racionalidade, designada expressivamente desta forma, sublinhada no estudo da CIP (IDAD, 2007); sendo todavia grande pena que não possa ter concretização (pelo menos minimamente satisfatória) com a infeliz localização no Campo de Tiro de Alcochete proposta pela própria CIP – e aceite pelo Governo – para o novo aeroporto, sendo servido por um ramal (ver *infra* o mapa 10)...

A sugestão da CIP, de passar no aeroporto a linha do TGV Lisboa-Porto não será de seguir, sendo o benefício (nos acessos mais esporádicos aos aviões) menor do que o custo de vários minutos a mais de viagem na ligação, muito mais procurada, entre as nossas duas cidades principais.

A imperiosa necessidade geral de uma melhor (ou alguma...) articulação entre os modos de transporte, incluindo o transporte ferroviário, não deixa de ser referida no PNPOT, chamando a atenção para a "deficiente intermodalidade dos transportes, com excessiva dependência da rodovia e do uso dos veículos automóveis privados e insuficiente desenvolvimento de outros modos de transporte, **nomeadamente do ferroviário**" (negrito nosso); não se tirando todavia daqui implicações.

[63] Por exemplo p. 124 é criticada a "deficiente programação do investimento público em infra-estruturas e equipamentos colectivos, com insuficiente consideração dos impactos territoriais e dos custos de funcionamento e manutenção".

a capacidade de resposta, mesmo o realismo, de cada uma delas (com os custos totais respectivos), e não considera os comboios convencionais, que em Portugal, tal como nos demais paises, terão que continuar a ter um grande significado[64].

Trata-se de limitações que se antecipam logo quando p. 228 se diz que se "exige a exploração, nos acessos ao NAL, de diferentes ligações intermodais, nomeadamente, uma boa integração com a rede ferroviária de alta velocidade e um serviço de 'shuttle' ferroviário de elevada fiabilidade para permitir um rápido acesso a um conjunto de pontos centrais da cidade de Lisboa, dando elevada prioridade às necessidades do seu desenvolvimento turístico competitivo".

Evidencia-se pois bem aqui o que se constata ao longo do estudo: para além de uma referência sem consequências ao TGV (vamos vê-lo a seguir), uma preocupação quase só com o serviço a Lisboa, na lógica, pois, **não de um aeroporto com ambições nacionais**, mas sim de um **aeroporto "regional"ou mesmo apenas local**.

Sendo o TGV que passa próximo do aeroporto o TGV que vem de Madrid, há que ter bem presente que, face à procura previsível (talvez com optimismo), haverá, como se lembrou já mais do que uma vez, 14 comboios diários: o que pouco adianta no serviço a um aeroporto. E assim acontece com uma linha que não passa no local do aeroporto, passa muito mais a sul.

O estudo do LNEC tem um mapa bem esclarecedor (p. 185), não deixando dúvidas nem esperanças (…), com a linha do TGV e o local do aeroporto, que reproduzimos aqui como mapa 10:

---

[64] É excepção, mas sem consequências práticas (de nada adiantando, pois…), a referência à "rede ferroviária nacional" feita na p. 178.

MAPA 10

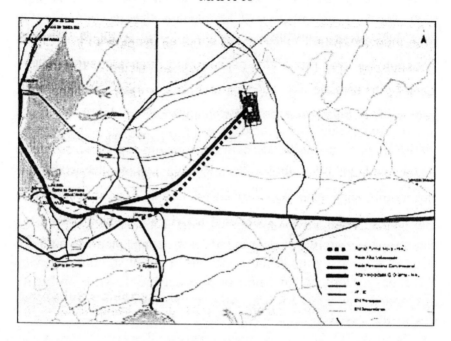

Se Portugal tem a ambição, que deveria ter, de atrair para o aeroporto de Lisboa clientela de Espanha, de Badajoz e de outras cidades espanholas (para não falar já de Évora e Elvas), a) ou é feito um ramal de acesso ao aeroporto b) ou quem vem dessas origens tem de ir à estação de Lisboa, em princípio a estação do Oriente, e voltar para trás.

> *a)* No primeiro caso temos mais um custo não considerado na escolha de Alcochete, num investimento de rentabilidade mais do que duvidosa, apenas com 14 comboios diários vindos da Espanha: custo cuja consideração teria só por si **invertido o resultado da análise financeira**, por isso também só por si a proposta do LNEC de localização em Alcochete, com a "vitória" por quatro critérios contra três...
> **Só com esta correcção dos cálculos, com o abandono de cálculos errados**, teria sido escolhida a Ota!

Voltaremos adiante a esta problemática do "péssimo negócio" com a mudança do aeroporto para Alcochete.

b) Não se querendo fazer o dispêndio de uma ligação do aeroporto para nascente, caímos na situação de quem vier de Évora, Elvas ou Espanha, ter de ir a Lisboa, provavelmente à estação do Oriente, e voltar para trás: perdendo-se a atractividade que poderia haver, com a duplicação do tempo de trajecto para Lisboa, "viajando-se" duas vezes entre 19 e 22 minutos (cfr. LNEC, 2008, p. 185), além do tempo de espera na estação (o comboio a tomar para o aeroporto pode não partir de imediato) e o incómodo de carregar as bagagens...

Parece-nos por isso óbvio que, depois de os espanhóis nos terem "obrigado" a um trajecto tão mais longo de Lisboa a Madrid, com dois ângulos rectos na linha para se servirem Cáceres e Mérida, Portugal deveria ter feito um pequeno desvio à saída de Lisboa para se servir directamente o aeroporto (no interior da aerogare), servindo-se melhor o nosso país a atraindo-se (só assim!) clientela de Espanha.

Teria sido bom que tivesse **chegado finalmente a vez de defendermos os nossos interesses**, quando estão em causa **decisões meramente sobre o nosso território**, atraindo clientela de Espanha ao novo aeroporto de Lisboa! Mas infelizmente o concurso público para o primeiro troço do TGV em Portugal já foi aberto, do Poceirão ao Caia, **desconhecendo-se por completo** que poucos meses antes havia sido decidida uma nova localização para o novo aeroporto: não na Ota mas no Campo de Tiro de Alcochete, muito a norte da linha do TGV (veja-se de novo o mapa 9)[65].

---

[65] Mais uma vez em Portugal uma grande infra-estrutura é localizada "desconhecendo-se" onde estão as outras, com as quais teria de ser articulada!

A necessidade de um aeroporto minimamente atractivo e devidamente enquadrado exigiria de facto um serviço ferroviário "em plena via".

O tempo de acesso ao aeroporto ficou ainda prejudicado com a decisão tomada mais recentemente a favor da ponte Chelas-Barreiro, sendo menor se se

Não havendo por seu turno a possibilidade de passagem de comboios convencionais de grande frequência no local da aerogare, limita-se também por isso a possibilidade de o novo aeroporto ser um aeroporto **nacional (e ibérico)**.

Ultrapassa aliás a nossa compreensão que, no que respeita às acessibilidades, no relatório do LNEC se coloquem no mesmo plano as localizações na Ota e em Alcochete, com a afirmação (reproduzida em Ramos, Macedo e Neves, 2008, com o negrito nosso) de que "ambas as localizações **satisfazem bem** o critério de sustentabilidade do sistema de transportes, i.e. ambas possibilitam **uma boa integração no eixo fundamental de alta velocidade e na rede ferroviária nacional**, assim como na rede ferroviária da AML, potenciando **qualquer delas** uma repartição modal eficiente nos acessos".

Mas "o eixo fundamental de alta velocidade" no trajecto Lisboa-Madrid não vai pelo Poceirão, muito mais a sul? **Teremos visto mal o mapa?**

E **há algum itinerário principal da rede ferroviária nacional que passe (ou possa vir a passar) em Alcochete?**

É aceitável equiparar-se esta situação com a da Ota, atravessada pela linha principal do TGV, com a previsão de 33 comboios diários em cada sentido, e pela linha do norte, com a frequência de comboios ilustrada pelo mapa 11?

Um indispensável serviço em comboios convencionais, para as distâncias médias, servindo centenas de milhares ou mesmo milhões de pessoas de áreas muito populosas e dinâmicas, não foi aliás minimamente considerado, lamentavelmente, na análise de custos e benefícios (ACB) feita pelo LNEC.

---

tivesse escolhido a ligação Beato-Montijo. Não sabemos se esta circunstância foi de alguma forma ponderada na decisão, com a total falta de articulação mais uma vez verificada no nosso pais.

A solução, ainda possível, está em alterar de imediato os termos do concurso do TGV Poceirão-Madrid, considerando na primeira parte do trajecto uma alternativa mais a norte (recorde-se da nota 51 e veja-se o que diremos adiante, em 6.4)

Nas suas palavras, a "ACB considera o projecto de investimento como o sistema constituído pela infra-estrutura aeroportuária e a sua ligação à rede de transporte de nível estratégico (acesso às redes projectadas de Alta Velocidade Ferroviária e serviços de *shuttle* e às Auto-Estradas), para o acesso/regresso de passageiros e carga ao NAL".

O transporte ferroviário convencional, de tão grande importância servindo outras áreas do país, não é pois "tido nem achado"...; e acabámos de ver o péssimo serviço que pode ser prestado pelo TGV, **sem a mínima articulação (teria sido mais sério nem se ter falado nele!**).

Sendo pois inevitável que o acesso ao novo aeroporto de Lisboa acabará por ser feito em grande medida pelas vias rodoviárias, terá de ser reforçado o "honroso" primeiro lugar que Lisboa já ocupa, como a região da Europa com mais densidade de quilómetros de auto-estradas: 220 quilómetros por 1000 km 2, bem "à frente" das áreas "mais modestas" (e de países "mais modestos") de Bremen (176), Manchester (140), Utrecht (122), Dusseldorf (118) ou Hannover (107), para não falar de Paris (Ile de France, com 51) (cfr. o *Expresso* do dia 13 de Abril de 2008). Preferíamos que ocupasse antes o primeiro lugar como a área da Europa melhor servida por transportes colectivos (em especial em *rail*).

No fundo – não vale a pena fugir à questão – **pensa-se apenas ou quase apenas no serviço a Lisboa** (mesmo neste propósito, com as deficiências que veremos adiante), pelo que quem vai de muitos outros locais fica obrigado a fazer aí um transbordo, com os respectivos sacrifícios pessoais e sociais, dando-se assim um contributo adicional e desnecessário para o congestionamento de uma cidade já tão congestionada, prejudicando-se quem lá vive.

A falta de ambição nacional para o novo aeroporto, comprometendo-se a competitividade do nosso país, está bem patente na valorização que o estudo do LNEC dá a factores urbanos, com a agravante de, contraditoriamente, acabar por defender uma solução que é **muito desvantajosa mesmo para o serviço a Lisboa.**

Trata-se de **valorização "local"**, quase só local, bem expressada em vários passos: p. 201, quando se diz que "a localização do NAL" em Alcochete "pode gerar condições para promover um maior equilíbrio territorial **no interior** da AML" (negrito nosso); na p. 216, quando se fala de um insuficiente equilíbrio qualitativo em torno do estuário do Tejo"; na p. 222, falando-se na "coesão da região de Lisboa" (sem dúvida acrescentando-se: "e de Portugal"); e de um modo ainda mais claro e **determinante** para a classificação final na p. 230. Aqui, são **dadas três estrelas** à escolha de Alcochete, pelo "favorecimento do reequilíbrio da área metropolitana de Lisboa em torno do Tejo dando corpo à materialização do objectivo estratégico da 'cidade das duas margens' e à redução da pressão dos movimentos pendulares Sul-Norte"; tendo já **apenas duas estrelas** o objectivo mais alargado conseguido com a localização na Ota, de "favorecimento da afirmação de alguns pólos urbanos actualmente exteriores à área metropolitana em lógica policêntrica e de rede".

É pois muito clara uma preocupação maior – **mais ponderada na classificação final, decisiva**! – com a área metropolitana do que com o país...

Para além de ter de se pôr em causa a **secundarização do país** face a um **interesse local (embora da capital)**, importa sublinhar que, contraditoriamente, se trata de uma **estratégia erradíssima de valorização de Lisboa**, ou, mais concretamente, de "equilíbrio" das duas margens do Tejo.

Considerando apenas este segundo ponto (sobre a secundarização do país não valerá a pena falar mais...), o que é preciso para equilibrar as duas margens do Tejo é que haja nos dois lados motivos de fixação para quem lá vive, deixando uma delas de ser em tão grande medida um dormitório para quem só no outro lado encontra oportunidades de trabalho favoráveis. A par de outras vantagens, consegue-se assim um alívio significativo nas travessias do rio, mais fluidas para quem por boas razões não pode deixar de ter necessidade de se deslocar a norte e a sul.

Ora, é pelo contrário um retrocesso inaceitável, mesmo para o almejado equilíbrio entre as duas margens, **contribuir desnecessa-**

riamente para o congestionamento das travessias. Não deixando de ser do norte do rio, de Lisboa, Oeiras, Cascais, Sintra, etc. etc., se não 92% (percentagem actual), pelo menos 90% das pessoas que acorrem ao aeroporto, os congestionamentos agravados por estas dezenas de milhões de passageiros/ano contribuirão, paradoxalmente, para a **acentuação do desequilíbrio entre as duas margens: tornando ainda mais difícil a vida, pessoal e económica, de quem é do sul do rio.**

É de facto **surpreendente e estranhíssima** a afirmação do LNEC (loc. cit., p. 230), de que a localização do aeroporto em Alcochete levará à **"redução da pressão dos movimentos pendulares Sul-Norte"** (negrito nosso, embora com o **receio de não termos lido bem**...). Estar-se-á a pensar que nas próximas décadas vai **haver uma deslocação dos lisboetas e dos demais residentes a norte do rio (mais de dois milhões de pessoas)** para os concelhos da margem sul, só assim deixando de haver as travessias por parte da esmagadora maioria dos clientes do aeroporto? E quem de Lisboa e arredores vai do Norte para Sul, para o aeroporto, regressará naturalmente a casa, onerando o movimento "Sul-Norte"...

A ideia ou o "sonho" de "uma cidade de duas margens" não pode aliás deixar de ser diferente em Lisboa ou em cidades como Paris, Praga ou Budapeste. Aqui, tal como na generalidade das capitais europeias, temos rios estreitos, que podem ser atravessados a pé, com o "romantismo" tão descrito na poesia e na música. Tratando-se além disso de pontes baratas, é mesmo estimulado o seu atravessamento.

É muito diferente o caso de Lisboa, onde as pontes, inevitavelmente com portagens, devem ser atravessadas apenas por necessidade e em caso algum podem sê-lo a pé...

E o "encanto" da cidade de duas margens, com o aumento evitável da necessidade de atravessamento do rio, fica "bem à vista" com a previsão, feita logo no dia 3 de Abril de 2008 (com o anúncio da construção da ponte Chelas-Barreiro), de que haverá mais 66.000 veículos a entrar diariamente em Lisboa. Trata-se de "encanto" que não é "sentido" pelo Presidente da Câmara desta cidade,

António Costa, que se apressou, em declarações à imprensa que antecederam as do próprio Primeiro-Ministro, a falar num enorme custo acrescido para a cidade, que segundo ele deverá ser compensado com a afectação de alguma percentagem das portagens ao financiamento dos transportes públicos (já beneficiados aliás aí com as avultadíssimas indemnizações compensatórias referidas e a que voltaremos em 8).

É este afinal o "encanto" da cidade de duas margens, com custos sociais e financeiros para cuja cobertura são exigidas compensações?

Parece-nos ainda extraordinário que depois de defenderem soluções que **não podem deixar de ter as consequências assinaladas** o LNEC ou responsáveis seus (cfr. o *Diário Económico* de 18 de Abril de 2008, com o título *LNEC defende portagens para entrar em Lisboa*) venham propor, apenas cerca de três meses depois (!), **defesas** contra elas: portagens na entrada ou na circulação em Lisboa e o protelamento da abertura ao tráfego rodoviário da nova ponte, ou seja, da utilização do tabuleiro de cima da ponte Chelas-Barreiro (esse tabuleiro ficaria alguns anos sem funcionar, funcionando só o de baixo, com as linhas férreas...)[66].

---

[66] Pode concordar-se com a primeira solução, de pagamento de portagens à entrada das grandes cidades, até porque são pagas na circulação indispensável entre cidades médias em outras áreas do país (com a excepção incompreensível do Algarve, a segunda região mais rica do país), no que é o seu indispensável "espaço metropolitano" (pode citar-se o caso de Coimbra, com portagens para norte, para sul, para oeste e para leste, quando estiver feita a ligação a Viseu em auto-estrada, ainda para norte na futura ligação do IC-2 entre Coimbra e a Mealhada, em nenhum caso com alternativas tão favoráveis como por exemplo a algarvia EN-125...: sobre as distorções e mesmo a "imoralidade" das SCUTs, e sugerindo uma solução correcta e realista pode ver-se, num texto mais recente, Porto, 2007c, p. 545, antes *A Imoralidade das SCUT's*, na *Visão* de 8 de Setembro de 2005, bem como *infra* a nota 103). Mas é aceitável que se agrave o mal que se vem penalizar? E haverá força ou justificação para que não se verifique a utilização rodoviária imediata da nova ponte, além do mais deixando de começar a verificar-se logo no início, com a cobrança de portagens, a amortização do enorme investimento feito? Duvidamos pois de que se siga a sugestão recente

Como é bem evidenciado pelos mapas 1, 2, 4, 9 e 10 a estação do aeroporto não poderá deixar de ser uma estação de fim de linha para o *shuttle*, uma estação *terminus* de um ramal, sem nenhuma outra utilidade, não podendo perspectivar-se que a nascente haja um prolongamento da linha e qualquer outra estação a servir. Não é um "deserto", mas os mapas não mentem, mostrando que não há população que o justifique[67].

Sendo assim, para além de ficar em causa a sempre indispensável rentabilização dos investimentos feitos e a fazer, cair-se-á no inevitável "círculo vicioso" conhecido dos aeroportos de outros países, com comboios só (ou praticamente só) ao seu serviço: sendo pouco frequentes por haver pouca clientela e não tendo clientela por serem pouco frequentes, não se esperando meia hora ou uma hora, depois de um voo, e utilizando-se antes o carro individual. Antecipamos já com mágoa os números das indemnizações compensatórias, a cobrir mais um transporte sub-urbano da área de Lisboa, à custa dos contribuintes de todo o país, muitos deles muitíssimo mais pobres[68] (o aeroporto será "regional" mas o sacrifício com a cobertura do défice do *shuttle* que o servirá será "nacional"...)[69].

---

de movimentos ecologistas ou de Fonseca Ferreira (2008b, p. 113), com a "esperança", relativamente à componente rodoviária nesta travessia, "em que o aprofundamento dos estudos aconselhe o seu diferimento, a bem da economia do projecto, do reforço dos transportes públicos e da qualidade ambiental" (insistimos em recordar a sugestão feita *supra* nas notas 51 e 65, adiante na nota 76, e ilustrada *infra* em 6.4); há que **ter a coragem de mudar**, quando estão em causa verbas e objectivos com tanto relevo, com implicações para as gerações vindouras!).

[67] Não nos parece por outro lado que fosse solução fazer passar por lá o TGV Lisboa-Porto, como sugeriu a CIP, dado que se penalizaria em vários minutos o nosso eixo estratégico nacional, ligando as nossas duas cidades principais e a Galiza (recorde-se a nota 62).

[68] Os dados mais recentes, divulgados no dia 11 de Abril de 2008, apontam para a acentuação da situação que vem de trás, com o poder de compra de Lisboa muito acima da média nacional.

[69] A injustiça e a distorção do mercado já hoje verificadas serão referidas *infra*, no já mencionado número 8.

O mapa 1 é mais uma vez esclarecedor, mostrando que por detrás de Alcochete não há de facto um *hinterland* que possa algum dia justificar comboios frequentes[70].

– *A localização privilegiada da Ota (única no território nacional…)*

A localização na Ota teria sido totalmente diferente, sendo um local onde, mesmo sem haver o aeroporto, se verifica, estrategicamente (**continuará a verificar-se, mesmo não sendo aí o aeroporto!**), **a passagem das linhas de longe de maior tráfego do país**: de alta velocidade (o TGV) e de comboios convencionais (além de haver igualmente excelentes acessos rodoviários, por exemplo para o acesso de Lisboa e dos municípios a oeste de Lisboa, como são os casos de Oeiras, Cascais e Sintra).

Independentemente de o aeroporto ser aí ou não, **entre Lisboa e o Porto haverá 33 TGVs diários em cada sentido, provavelmente mais**, alargando o serviço do aeroporto às áreas servidas pelas estações de Leiria, Coimbra, Aveiro e Porto[71] (e simultanea-

---

[70] Com a consciência das limitações verificadas, a Comissão de Coordenação e Desenvolvimento Regional (CCDR) de Lisboa e Vale do Tejo vem propor uma nova linha de comboio convencional ligando "o Campo de Tiro de Alcochete à Linha do Norte, algures entre o Cartaxo e Santarém", ficando essa linha ligada "à Linha do Sul e à Linha do Leste para Espanha (ligação do Poceirão)" (cfr. *Diário Económico* de 19 de Março de 2008 e Fonseca Ferreira Ferreira, 2008b, p. 112).

Concordando obviamente com a proposta, esperamos bem que seja concretizada, na esperança de que haja um fluxo razoável de passageiros e carga, beneficiados com a sua utilização (e contribuindo-se assim para algum alívio de Lisboa).

Esperando que tal aconteça, não deixa todavia de verificar-se o mencionado défice grave e injustificável no serviço ao aeroporto por comboios de alta velocidade e convencionais, com cadência suficiente (grande!), numa linha principal do país.

[71] É bom lembrar que o acesso em automóvel destas cidades ao local onde vai ser o aeroporto de Alcochete, junto à A-13 (com a utilização da ponte da Lezíria) e a norte do paralelo de Lisboa, será mais rápido do que o actual acesso à

mente, com é óbvio, aumentando-se o serviço e a rentabilidade do TGV).

É sabido que muitas pessoas do norte eram (ou são ainda) a favor da manutenção da Portela, ou de um aeroporto o mais a sul possível, talvez não servido por comboios de boa qualidade: com a preocupação de rentabilizar assim o aeroporto de Pedras Rubras. A título de exemplo, a manutenção da Portela, sendo muito procurada, obrigaria a que mais voos fossem para o aeroporto do Porto[72].

Não nos parece contudo que se tratasse de uma estratégia correcta. Sendo de esperar, mesmo seguro, que haja um novo aeroporto em Lisboa, quem é do norte ou do centro, do Porto, de Aveiro ou de Coimbra, deve sem dúvida almejar que o aeroporto de Pedras Rubras tenha o máximo de serviço. Mas só teria a ganhar em dispor, a menos de 1 hora de TGV, no aeroporto de Lisboa, sendo na Ota, de outras ligações aéreas. Não teria nada a perder, só teria a ganhar. A alternativa, com um aeroporto de Lisboa mal situado, tal como vai acontecer com a localização em Alcochete, é ter na mesma de ir aí apanhar alguns aviões, mas com ligações aéreas (Porto-Lisboa, na hipótese irrealista de se manterem…) menos convenientes (em termos pessoais e sociais; v.g. mais demoradas, com os controles de segurança e os tempos de espera, levantamento e aterragem…), utilizando o automóvel (com os inconvenientes pessoais e sociais tão conhecidos, mesmo de segurança!) ou ainda deslocando-se de comboio até Lisboa, mas tendo de ter aqui uma paragem ou mesmo um transbordo incómodo e desnecessariamente congestionador desta cidade …

Portela e representa apenas mais 10 ou 15 minutos do que o acesso ao aeroporto na Ota.

O que está em causa não é todavia o interesse privado das pessoas, mas sim o interesse geral, com a utilização de transportes socialmente mais adequados (transportes colectivos, afinal também no interesse individual dos cidadãos!).

[72] Trata-se aliás de lógica de acordo com a qual deveria ter-se defendido a Ota, julgando-se (o que não foi provado!) que teria limitações no tempo, de capacidade de expansão, passando por isso algum tráfego para o Porto…

O local da Ota é por outro lado privilegiado em termos de comboios convencionais, com **a linha do Norte já feita e a passar lá**, com um pequeno desvio (não sendo ainda necessária nenhuma nova ponte, caríssima, no estuário do Tejo, se tudo tivesse sido decidido com racionalidade desde o início: cfr. Porto, 2007c), aliviada com o TGV Lisboa-Porto e com a frequência de movimentos mostrada pelo mapa 11:

MAPA 11

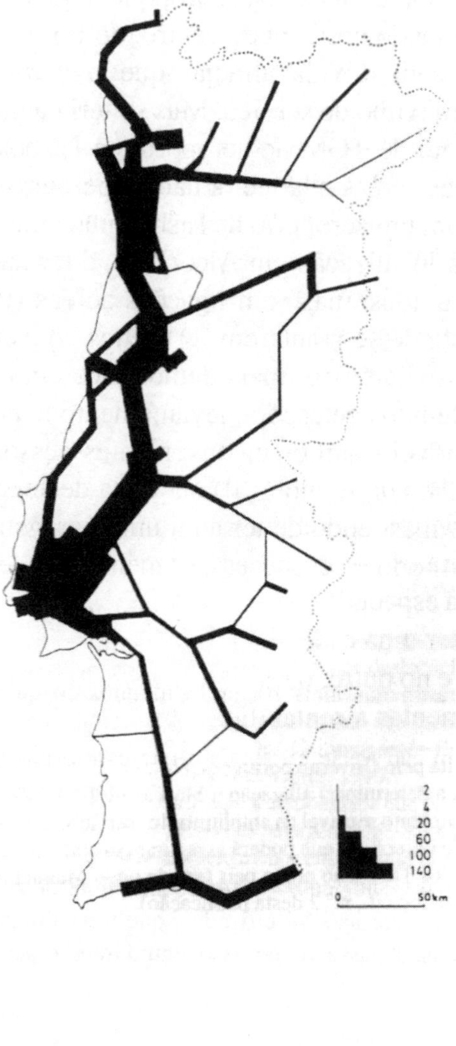

Olhando para os números ilustrativos, é de recordar que já hoje há diariamente 19 comboios entre Lisboa e o Porto (em cada sentido, entre as 6.00 e as 21.30 horas), a que se juntam comboios suburbanos para Vila Franca ou ainda por exemplo para Tomar, Castelo Branco ou Guarda, todos eles servindo a Ota. Trata-se de linha que ficará aliás aliviada, para o transporte sub-urbano de Lisboa e para os comboios inter-cidades, com o TGV Lisboa-Porto (que não deverá levar contudo a que diminua a frequência dos comboios convencionais, com o tráfego entretanto criado, v.g. para os outros destinos, referidos e não referidos)[73].

Não acreditamos que em algum país "bem organizado", havendo um local com condições tão favoráveis como as da Ota (**ter-se-ia seguramente olhado para os mapas**!), fosse outra a localização de um grande aeroporto internacional!

---

[73] Tendo presentes os mapas e os números, é difícil entender a afirmação (em Henriques, org., 2007 p. 8) de que esta localidade é um «local excêntrico face aos transportes», dizendo por seu turno Luís Gonçalves (ob. cit., p. 91), que o Poceirão "é já actualmente um importante nó ferroviário".

Acontece todavia que o transporte ferroviário não são (só) linhas, são fluxos de comboios e pessoas, com os fluxos de pessoas a ter de ser determinantes na localização de um aeroporto (de pouco relevando por exemplo ramas que venham de Sines...).

Embora estivesse agora em causa a localização em Alcochete, é curioso que no estudo encomendado pela CIP (cfr. IDAD, 2007), numa das poucas referência às ferrovias, se dissesse (p. 42): "Na região em estudo refere-se a existência das actuais Linhas do Alentejo e do Sul e respectiva concordância designada como 'Concordância do Poceirão' ".

Ainda que se esteja a julgar que o Poceirão virá a ser um grande entroncamento, com muitos comboios e milhares de pessoas a fazer diariamente o transbordo, há que recordar que a localização sugerida agora para o aeroporto é vários quilómetros a norte, a nordeste da linha férrea...(cfr. o mapa 10).

– **Um desejável aumento de oportunidades para o aeroporto de Pedras Rubras, servido dentro da aerogare pelo TGV Lisboa-Corunha**

Sendo difícil que no mesmo país haja mais do que um grande aeroporto com uma gama vasta de voos intercontinentais (vejam-se os exemplos da França, do Reino Unido ou mesmo da Alemanha, onde só agora Munique vai tendo um relevo apreciável a tal propósito; sendo já inquestionável o relevo de outros aeroportos para outros tipos de voos, v.g. europeus), a infeliz escolha de um aeroporto em Lisboa sem um bom serviço de comboios deverá levar –
– **poderá ser a consequência positiva de uma decisão errada!** –
– a um aproveitamento muitíssimo maior do aeroporto de Pedras Rubras, também para esse tipo de voos[74].

Assim poderá e deverá acontecer com **a paragem do TGV de ligação à Galiza no próprio aeroporto, no interior da aerogare**

---

[74] Não deixamos de saudar a iniciativa, agora renovada (ver por exemplo o *Expresso* de 13.6.2008, o *Diário de Coimbra* de 15.6.2008 e *As Beiras* de16.6.2008), referida já na nota 60, de abertura da Base Aérea de Monte Real à aviação civil.

É uma iniciativa em que o autor deste artigo esteve activamente envolvido (mesmo por razões institucionais, como presidente da Comissão de Coordenação da Região Centro: cfr. CCRC, 1981) há mais de duas décadas e meia, que perdeu todavia relevo quando se tomou a decisão, correcta e mantida por vários governos e maiorias, de instalar o novo aeroporto de Lisboa na Ota (seguindo-se uma sugestão feita então pelo mais alto responsável da Força Aérea, como sendo a alternativa ideal em relação a Monte Real...).

Ganha agora de novo relevo com **"o erro de Alcochete"**.

Trata-se de iniciativa, com custos muito baixos e por isso rentável (por exemplo com os serviços a Fátima, a Leiria, a Coimbra e à Figueira da Foz: um mercado de muito maior relevo do que o de Beja, numa zona muito pouco povoada!) que não põe contudo em causa a necessidade de haver na região boa ligação aos aeroportos maiores, v.g. vocacionados para as ligações regulares principais (e não sendo fácil que o TGV Lisboa-Porto pare em Monte Real; não devendo de qualquer forma deixar de estudar-se esta hipótese). São serviços complementares, sendo pelo menos seguro que deve haver uma ligação boa entre a estação do TGV em Leiria e o aeroporto.

(também se possível com alguma ligação à rede de bitola ibérica, em extensões das linhas actuais)[75].

[75] Para que se verifique uma exploração eficaz e rentável do aeroporto de Pedras Rubras é ainda indispensável que seja independente das dos demais aeroportos portugueses e entregue a um consórcio privado (assim tem vindo a ser defendido, entre outros, pelo Presidente da Associação Comercial do Porto, Rui Moreira, ou ainda muito recentemente por António Borges; tendo dúvidas Vital Moreira), tal como está apresentada a candidatura por um consórcio da maior credibilidade.

Só com concorrência podemos ter um aeroporto comercialmente "agressivo", com especial relevo para a captação da clientela da Galiza; concorrência que beneficiará ainda muitíssimo o aeroporto de Lisboa, naturalmente em maior medida os lisboetas, que não serão prejudicados, nos custos dos voos, com tarifas mais elevadas de utilização de um aeroporto que se acomodará às ineficiências de uma entidade que tenha o monopólio de todos os aeroportos nacionais.

A experiência nacional e internacional é **dramaticamente esclarecedora**, só a concorrência favorecendo de facto os cidadãos e as economias (por mais que se queira "sonhar" com as virtudes das concentrações, dos planeamentos e das "racionalidades")!

Poderá dizer-se que tendo a ANA a exploração de todos (ou quase todos) os aeroportos nacionais terá a obrigação de cobrir os défices inevitáveis de aeroportos com menos movimento.

Parece-nos todavia preferível renunciar a esta "generosidade", obrigando-se a que se façam contas em cada caso, com parcerias privadas ou públicas, nacionais ou regionais, que terão de procurar e encontrarão seguramente as dinâmicas necessárias.

Temos de abandonar o tempo dos paternalismos, v. g. com companhias majestáticas, avançando-se antes sem hesitação para os benefícios da concorrência. O país tem já experiências que chegam a tal propósito!

Com a infelicíssima localização escolhida o aeroporto de Lisboa terá de ser aliás o primeiro a procurar ser competitivo, não podendo acomodar-se face à melhor localização do aeroporto do Porto, servido directamente (na aerogare) por comboios rápidos nacionais (de serviço também à Galiza).

Não se pode ter dúvidas a tal propósito, só assim poderemos ter tarifas de utilização mais competitivas em Lisboa, não se penalizando os viajantes e a economia nacional.

Em Londres ainda agora se pôs à venda o aeroporto de Gatwick, para se promover a concorrência. E no nosso caso também Lisboa, o Porto e Faro têm de procurar ser competitivos entre si, separados por distâncias relativamente curtas

Está aliás previsto – diz-se – que seja servido: mas não poderá deixar de ser **um serviço "em plena via", com a estação do TGV dentro do aeroporto**. Não pode tratar-se de um serviço com um ramal, deitando "tudo a perder", com demoras e carregamentos de bagagens, sabendo-se além disso que se trata de ramais sempre deficitários, requerendo indemnizações compensatórias todos os anos.

Só deste modo, sem custos acrescidos, de investimento ou exploração, e com **todos os TGVs para e da Galiza a parar no aeroporto**, serviremos uma vasta e importantíssima área do país e atrairemos, no interesse de ambas as partes, uma grande "clientela " de Espanha! É esta naturalmente a solução defendida pela Comissão de Coordenação e Desenvolvimento da Região Norte (CCDRN), como sendo, nas palavraas do seu Presidente, Carlos Lage, a que "melhor serve os interesses do Norte" (*O Primeiro de Janeiro* de 17 de Junho de 2008). Não se trata todavia apenas de servir melhor o norte, servem-se também muito melhor outras áreas do país, beneficiado ainda, tal como a Espanha, com o serviço muito mais favorável proprcionado à Galiza. O aeroporto de Pedras Rubras é aliás já hoje procurado anualmente por cerca de 400.000 galegos, uma percenta-

---

(desejavelmente com uma aproximação maior com as vias férreas para comboios rápidos…).

Em entrevista recente (ao *Jornal de Negócios* de 30 de Junho de 2008) o Ministro das Obras Públicas diz ter dúvidas acerca da autonomia da gestão do aeroporto do Porto. Mas de facto não há razões de economias de escala que justifiquem uma gestão única para os aeroportos portugueses, devendo prevalecer a iniciativa e a concorrência que poderão resultar de gestões autónomas, de preferência privadas. Só assim conseguiremos conquistar para Pedras Rubras o mercado da Galiza.

Mesmo num nível em alguns casos bem mais modesto, como é o caso recente da gestão do porto da Figueira da Foz (com o de Aveiro: recorde-se da nota 25), na sequência de outros casos do sector, foi-se já para uma solução de autonomia de gestão, embora só com capitais públicos.

Sendo a ANA uma empresa pública ainda poderia "sonhar-se" com uma promoção equilibrada dos aeroportos do continente português. Mas com a sua privatização, em breve, prevalecerá naturalmente uma lógica monopolista, sem a concorrência que seria conseguida com entidades gestoras diferentes: com grave penalização por todos nós, designadamente para a economia portuguesa (v. g. para Lisboa).

gem muito elevada dos seus algo mais do que 4 milhões de passageiros (com o crescimento maior do país, no último ano).

É pois bem claro o significado das perspectivas muito favoráveis que se abrem com uma estação do TGV dentro da aerogare de Pedras Rubras.

O que seria conseguido com o aeroporto na Ota, com um serviço rápido em TGV a pessoas vindas de Leiria, Coimbra e Aveiro, é conseguido em Pedras Rubras, sendo por exemplo muito mais rápido, mesmo para quem seja de Leiria, tomar o avião no Porto, depois de um trajecto de menos de uma hora, do que em Alcochete, com mudança de comboio ou pelo menos alguma demora em Lisboa até se chegar (em TGV ou no *shuttle*) ao aeroporto, com um acréscimo de tempo de mais de 20 minutos[76].

---

[76] Trata-se de diferença atenuada se de facto, como por vezes se anuncia e é fortemente desejável que aconteça, **os 33 TGVs vindos do Porto seguirem até à aerogare de Alcochete, tendo aí o seu** *terminus*. Poderá ser uma estação operacionalmente muito mais favorável do que a do Oriente; e é inequívoca a melhoria do serviço proporcionado assim ao aeroporto, alargado a mais alguns milhões de pessoas.

Nesta lógica, justificar-se-ia ainda, com especial relevo, que na sua sequência alguns comboios (TGVs) seguissem para Madrid, com o desvio da linha para norte que referimos logo na nota 51 (tendo sublinhado já aí que só assim conseguiremos atrair para o aeroporto de Alcochete uma desejável clientela de Espanha, com os comboios de ligação a Lisboa). Seriam mais uns quilómetros, mas dispensar-se-iam os quilómetros "mais a direito" que estão previstos (recorde-se ainda uma vez o mapa 10), de pouco relevo para o serviço a Espanha, demorando-se apenas alguns minutos mais. Mas, como se disse, com enorme mágoa, a esperança de que assim pudesse acontecer desvaneceu-se (irremediavelmente?) com a abertura do concurso da linha do TGV para Madrid a partir do Poceirão. Mais uma vez em Portugal uma grande infra-estrutura é feita "desconhecendo-se" onde estão as outras.

No caso, a errada alteração na localização do novo aeroporto de Lisboa teria obviamente de levar a que se alterassem os traçados das infra-estruturas complementares (atenuando-se assim os inconvenientes desse erro…). Tal não aconteceu, continuando a passar-se tudo como se o aeroporto fosse na mesma na Ota. Começamos pois o século XXI com mais uma ineficiência grave, comprometedora do nosso futuro, num mundo que não "perdoa" irracionalidades no ordenamento do território…

É todavia possível alterar ainda os termos do concurso do TGV Lisboa-Madrid, alterando-se o troço inicial, como dissemos já e ilustraremos em 6.4.

O fortalecimento do aeroporto de Pedras Rubras, com a estação do TGV dentro da aerogare, levará ainda a um reforço muito substancial do apoio que pode ser dado à Galiza. O aeroporto do Porto tem mais movimento do que qualquer dos aeroportos galegos e já atrai muitos cidadãos desta região: como vimos há pouco, sendo a sua utilidade muito acrescida com um serviço directo de TGV (a viagem de Vigo demorará menos de meia hora)[77].

Como alternativa para o acesso ao aeroporto de Alcochete das populações a norte de Lisboa será de considerar ainda a paragem de todos os TGVs e demais comboios na zona da Ota, o mais perto possível da ponte da Lezíria (tempo de paragem pouco significativo na ligação Lisboa-Porto), com a criação de um serviço regular de autocarros de serviço ao aeroporto. Estão em causa cerca de 20 quilómetros, percorridos num quarto de hora.

Há assim uma grande poupança de tempo em relação a uma passagem por Lisboa; com grande benefício para esta cidade, evitando-se congestioná-la com trânsito meramente de passagem.

Uma grande central de camionagem na Ota poderia aliás ainda articular tal serviço com todos os serviços regulares de autocarros do norte da Grande Lisboa.

Não deixarão de qualquer modo de ser sempre soluções deslocadas, "fora do nosso tempo", não soluções do século XXI, que teriam requerido a articulação do transporte aéreo com o transporte ferroviário de grande tráfego (o que receamos que não aconteça com a ligação proposta pela Comissão de Coordenação e Desenvolvimento de Lisboa e Vale do Tejo, referida na nota 70; parecendo-nos de qualquer modo que deve ser feita).

Mas é este o país que temos, é dificílimo mudá-lo; não podendo todavia desanimar, devendo procurar atenuar pelo menos os efeitos negativos dos erros cometidos.

[77] Com o "**erro de Alcochete**" e um serviço de qualidade em Pedras Rubras o Porto ganhará de facto uma grande centralidade na área oeste da Península Ibérica (vejam-se de novo os mapas 1, 2, 4 e 9).

Esperamos que isto não seja visto pela negativa, por ser uma concorrência a Lisboa, levando a que se ponham em causa por exemplo as soluções indispensáveis de o TGV servir o aeroporto com uma estação na aerogare e de o aeroporto ter uma gestão autónoma. Não podemos admitir que assim aconteça, com algo que favorece claramente o país e mesmo a nossa capital (reforçada, designadamente, no papel de alternativa à polarização de Madrid, com uma grande e forte área metropolitana de Portugal).

Aliás, a própria concorrência entre cidades é um valor a promover, no interesse de todos, importando ainda, muito em particular, que o próprio aeroporto de

Ao privilegiar-se o acesso ao(s) aeroporto(s) por vias férreas não está aliás a dizer-se nada de estranho ou desconhecido (com frequência temos pessoalmente tal sensação, quando falamos nisso...), basta olhar para os bons exemplos dos outros países, que não admitimos (nem nós nem o país!) **que os decisores portugueses não conheçam**! Na Alemanha, na França, na Holanda ou na Suíça **os aeroportos principais são servidos no seu interior, com estações dentro deles, pelas principais linhas férreas nacionais**, alargando-se enormemente o serviço proporcionado, rentabilizando-se os investimentos feitos nos dois modos de transporte e reduzindo-se substancialmente os custos de segurança e ambientais (v.g.de congestionamento) dos transportes individuais[78].

Lisboa seja obrigado a ser competitivo, não adormecendo à sombra dos favores públicos (só assim podendo concorrer na Europa...).

[78] A generalidade dos cidadãos desses países, "menos ricos" e "ricos", usa predominantemente os transportes colectivos no acesso aos aeroportos, "**não lhes caindo por isso os parentes na lama**", para recorrer a uma expressão tradicional portuguesa. Já criaram assim hábitos que é bom que passemos a ter também em Portugal, com enorme benefício pessoal e social.

Está em grande parte em causa um problema cultural, a imagem de que se "vai para os aviões em carros individuais com *chauffer* à frente" (já não diria fardado...), que é bom que seja ultrapassado. O transporte aéreo já não é apenas um transporte de elites, e é bom que as elites portuguesas se habituem a andar igualmente em terra em transportes colectivos (como é óbvio, salvo com poucas excepções, não podem deixar de o fazer no transporte aéreo)...

Em relação ao aeroporto *Charles de Gaulle* foi sublinhado, há mais de quinze anos, que com ele, "avant la fin de l'année 1996, seront ouverts un nouveau terminal, une piste supplémentaire, ainsi qu'un module d'échanges. Ce dernier, situé au cœur de l'aeroport, et proche de l'actuel CDG et du futur terminal, est un lieu hautement stratégique et symbolique. Il accueillera, entre autres, les reseaux routiers, mais aussi surtout les lignes du RER et du TGV! L'autoroute et le train arrivant au pied des avions: cette interconnexion entre les lignes aériennes, ferroviaires et routières, constitue une première mondiale... » (*L'Aéroport du Troisième Millénaire*, em *Atlas* da Air France, Janeiro de 1992, pp. 37-40).

Com um entusiasmo compreensivel, "esquece-se" que não era de facto uma "première mondiale", já acontecia assim por exemplo com os aeroportos principais da Alemanha, da Holanda ou da Suíça; não podendo nós deixar de ter um sen-

Importando pois, por razões de todas as naturezas (acentuando-se, agora e no futuro, razões económicas graves como consequência da subida dos combustíveis, bem como a já repetida razão estratégica, de diminuir a dependência do petróleo e do gás), que na escolha da localização do novo aeroporto de Lisboa se tivesse dado atenção primordial aos acessos por *rail*, não poderia todavia desconhecer-se que haverá sempre muitas pessoas que demandarão o aeroporto por rodovia, em particular pessoas de Lisboa e de concelhos como Cascais e Sintra[79], onde continuará a estar uma grande parte dos utilizadores: no fundo, uma grande parte dos mais de 90% de utilizadores que vivem a norte do Tejo, com o novo aeroporto a sobrecarregar os acessos com três ou quatro dezenas de milhões de passageiros dentro de poucas décadas (mesmo deixando de haver voos Lisboa-Porto)[80].

Ora, a localização em Alcochete (quando comparada com a da Ota), é mais distante para a maior parte das pessoas que demandam o aeroporto pela via rodoviária, obriga (sem alternativa) a portagens mais elevadas e sujeita inevitavelmente os cidadãos, por mais pontes que se façam, a congestionamentos na travessia do Tejo (dados a

---

timento de inveja e pena, sem nenhuma esperança de que algo de semelhante se verifique em Portugal, no mundo tão exigente do século XXI...

[79] A distância de Cascais ao aeroporto de Alcochete é de 74 quilómetros, sendo semelhante a distância de Sintra, num caso e no outro mais 20 do que no acesso à Ota. Terão pensado nisso as pessoas influentes desses dois concelhos que com tanto entusiasmo apoiaram activamente o "movimento anti-Ota"?

Virão agora naturalmente as pressões para uma nova ponte, Algés-Trafaria, bem como para mais alguns quilómetros de auto-estradas de ligação, reforçando-se a posição cimeira que Lisboa já tem na Europa com a ocupação do espaço com esse tipo de infra-estruturas rodoviárias (referida atrás no texto).

[80] De acordo com o estudo do LNEC (p. 179), pode prever-se que o aeroporto tenha em 2017 um movimento de 19 milhões e em 2050 um movimento de 43 milhões de passageiros.

As pessoas que utilizam as vias rodoviárias são aliás também interessadas directas nos bons acessos ferroviários, evitando congestionamentos desnecessários nos trajectos a fazer, libertando-se pois a rodovia para quem não pode deixar de a utilizar.

extensão a atravessar e o custo das obras, em pontes ou túneis, que virão sempre com atraso em relação ao movimento que se vai gerando)[81]. A determinadas horas do dia será mais rápido ir de Leiria

---

[81] Os **custos de antecipação de pontes (ou túneis)** por causa de o aeroporto ser na margem sul deveriam aliás ter sido considerados na comparação feita pelo LNEC entre as localizações em causa: não sendo a mesma coisa ter de se fazer um investimento de milhares de milhões de euros agora ou de aqui a alguns anos. E a ponte Vasco da Gama está muito longe de estar congestionada (nunca o está), com um tráfego que é de cerca de um terço do tráfego da ponte 25 de Abril.

Juntando-se ainda os custos adicionais de linhas de caminhos de ferro indispensáveis, já referidas atrás, bem como, tal como voltaremos a sublinhar adiante, no texto, o custo total dos terrenos (mesmo terrenos do Estado têm valor económico, que não pode deixar de ser considerado como custo: se pode construir-se neles um aeroporto, poderiam acolher outras construções) e o custo de deslocação do Campo de Tiro de Alcochete (diz-se no estudo do LNEC que também teria de proceder-se a esta mudança sendo o aeroporto na Ota; muito nos admirando que só agora se fale nisso, estando aqui desde há meio século uma base aérea importante do nosso país...), pode ver-se mesmo por alto que é de facto **muitíssimo mais cara** a solução de Alcochete (tendo de juntar-se ainda as compensações aos municípios lesados com o abandono da Ota, os já referidos 2,1 milhares de milhões de euros ...).

Os anúncios das grandes obras são todavia feitos como se se tratasse de "prendas", sem custos financeiros. Quando da **escolha caríssima de Alcochete**, mesmo um jornal de referência, com a maior qualidade e especiais preocupações com os problemas económicos e financeiros, o *Diário Económico* do dia 11 de Janeiro de 2008, abriu com o título destacado, na primeira página, *Novo aeroporto **traz** ponte e auto-estrada* (negrito nosso).

O título é muitíssimo simpático, tipo "prenda do Menino Jesus"; mas teria sido bem mais informativo, chamando a atenção para a questão de maior relevo, oneradora dos portugueses, se fosse *Novo aeroporto **obriga a**....* Teria sido de facto bom que logo nesse primeiro dia nos tivesse feito "descer à terra", começando a chamar a atenção dos mais distraídos para que "não estamos no Céu", para que se optou por uma solução muitíssimo mais penosa (ou só ela penosa) para o contribuinte português (de todo o país, com sacrifícios maiores para quem é mais pobre...), obrigando à antecipação de uma obra que não seria necessária tão cedo e a uma linha férrea específica, com um *shuttle* que será inevitavelmente deficitário (exigindo mais uma choruda indemnização compensatória aos transportes urbanos e suburbanos de Lisboa).

Nada disto aconteceria com a localização na Ota, bem como naturalmente não acontece agora com a Portela.

ao aeroporto em Alcochete, junto à A-13, do que de Cascais a esse local. É de esperar aliás que a essas horas, com o congestionamento de Lisboa, para pessoas desta cidade e de concelhos vizinhos (a oeste e a norte) será mais rápido ir (*v.g.* pela CREL) até à ponte de Vila Franca ou da Leziria (passando "à porta" da Ota, "chorando o seu abandono"…) para tomar a A-13 até ao aeroporto de Alcochete…

Considerando ainda custos ambientais (a que são de acrescer os custos energéticos), o estudo do LNEC (p. 193) não deixa naturalmente de reconhecer que "a localização na zona da Ota apresentaria a vantagem de menores custos de funcionamento do sistema de transportes terrestres e de menores externalidades deste sistema". Acrescenta-se que com esta localização há "menor tempo gasto pelos passageiros no acesso ao NAL, melhor acessibilidade ao triângulo Cascais – Estoril – Sintra, a Leiria e a Coimbra, e de uma forma geral ao Centro e Norte do País".

No parágrafo seguinte diz-se, por seu turno, que "a localização no CTA (H6B) apresenta a vantagem de **uma maior fiabilidade** do acesso a Lisboa nos cenários de Terceira Travessia do Tejo Chelas--Barreiro rodo-ferroviária. Melhor acessibilidade à Península de Setúbal, a Évora, a Elvas/Badajoz, e ao sul do País" (negrito nosso).

Além de não percebermos o que se quer dizer com a afirmação de "maior fiabilidade" do trajecto referido (o que é "maior fiabilidade"?; "maior fiabilidade" em relação a que trajecto?; será maior "fiabilidade" apenas "por ser" através de uma ponte, o que é mais uma originalidade portuguesa?), será de recordar que o sul do país é servido já pelos aeroportos de Beja e Faro e de perguntar se não deveria ter-se lembrado a diferença nos números de habitantes e de utilizadores do aeroporto num caso e no outro (várias vezes superior, muitos milhões mais, no primeiro caso…).

Receamos que para a rejeição generalizada da Ota, apesar de os acessos serem muito mais rápidos e baratos, terá contribuído, a par da extraordinária campanha "contra" que foi feita (nunca havíamos assistido a outra semelhante no nosso país, lamentavelmente "bem" sucedida!⁸²), a diferente atractividade estética dos trajectos. Enquanto que o trajecto pela A-1 até à Ota é pouco atractivo,

---

⁸² Foi marcante a diferença em relação ao movimento pró-Ota, apoiado por autarcas de algumas autarquias de pequena e média dimensão, outros empenhados regionais e alguns ingénuos académicos preocupados com o ordenamento, a preservação e o aproveitamento racional dos recursos do nosso território (custeando do seu bolso as despesas feitas e perdendo tempo que poderiam ter afectado a trabalhos remunerados, de pesquisa e consultadoria...).
É natural que quem tenha interesses a defender o faça, é de esperar que assim aconteça, estando em causa porventura a rentabilização de uma infra-estrutura de acesso ou alguma grande exploração (não há nenhuma junto da Ota). O *Diário Económico* do próprio dia em que foi noticiada a decisão do Governo não deixou naturalmente de informar "quem", de acordo com o seu conhecimento, "ganha com Alcochete" (José Roquette, Lusoponte, Autoeuropa, Frontino Turismo, Grupo Espírito Santo, Freeport, Pelicano e Sonae Turismo) e "quem perde" (MSF e grupo Oceânico, Bom Sucesso, Região Oeste e cinco parques industriais previstos para a região do Vale do Tejo).
É mesmo de louvar que quem tem interesses próximos pague estudos académicos (não temos a mínima ideia sobre se assim aconteceu com alguma das entidades referidas pelo *Diário Económica*) que ajudem os decisores a tomar as decisões correctas (tal como acontece com os pareceres jurídicos...).
Por isso mesmo, não pode é compreender-se que não tenham sido divulgados os nomes das pessoas ou entidades que pagaram o estudo da CIP (o relatório do LNEC foi custeado por verbas do Orçamento do Estado). Além do benefício fiscal com a dedução desta despesa, deveriam sentir-se orgulhosas da associação do seu nome ao estudo feito.
Não podemos pois deixar de estar em total desacordo com a opinião de Joaquim Ferreira do Amaral, Presidente da Lusoponte, em entrevista ao *Diário Económico* de 6 de Fevereiro de 2008, depois de afirmar que "não assumimos esse apoio": "A CIP fez o estudo e como se financia é uma questão que a CIP nem tem, nem deve ter interesse em divulgar", acrescentando que "a CIP não quer revelá-lo para não ter que explicar como são as suas finanças".
Além do interesse de abatimento na matéria colectável, de facto talvez talvez irrelevante no caso em análise, face aos valores em causa, ultrapassa a nossa compreensão que uma entidade de interesse público com o prestígio da CIP não tenha "interesse em divulgar" como são as suas finanças. Trata-se aliás de interesse e obrigação, face aos princípios que devem reger a nossa sociedade (e antes de mais face aos seus membros: foram informados sobre essa afectação dos seus "contributos"?).

por uma auto-estrada antiga e com vários painéis dos lados (é mais atractivo o trajecto pela CREL, para quem viesse de Cascais e dos demais concelhos a oeste), o acesso por uma ponte a caminho de Alcochete (onde aliás se é obrigado a andar mais devagar...) tem a atractividade de se desfrutar da beleza do estuário do Tejo.

– *A necessidade de se fazerem todas as contas*

Para além de todas as considerações já feitas e a fazer, acerca da infeliz localização em Alcochete do futuro aeroporto de Lisboa, há que ter em conta os custos financeiros a suportar: custos especialmente visados na campanha feita contra a Ota.

As pessoas nunca poderão esquecer os números tão impressionantes divulgados quando da apresentação do estudo da CIP, com a imprensa a dar grande notoriedade a uma alegada poupança de milhares de milhões de euros com a localização em Alcochete. O *Diário de Notícias* de 26 de Outubro de 2007 informava, dando assim uma "enorme alegria" aos portugueses, que seriam **poupados 3 mil milhões de euros com a escolha de Alcochete**; quando é

Diz ainda F. Amaral que se evita assim que se saiba quem contribuíu com muito ou com pouco; parecendo-nos todavia a nós que é mesmo de elementar justiça que se dê a conhecer quem contribuiu em maior medida, **merece que assim aconteça**.

Não podendo obviamente haver nada a esconder, temos ainda a maior dúvida de que **o Estado, num país democrático, deva ou possa mesmo aceitar um estudo pago por pessoas ou entidades que exigem ficar no anonimato**: tanto mais que está em causa uma decisão da maior importância para o futuro do país, que no caso concreto **levou mesmo a uma decisão que vai prejudicar todo o nosso futuro colectivo**.

Ainda se está contudo a tempo de se ter a divulgação das entidades e pessoas financiadoras do estudo, que não pode deixar de ser feita, "para a história" e no interesse geral, para além do seu interesse próprio. Estamos seguros de que a CIP, com o seu prestígio, bem como de quem pagou, virá ainda a fazê-la.

Andou já bem a Associação Comercial do Porto, ao dizer quanto pagou à Universidade Católica Portuguesa pelo estudo, referido a seguir no texto, sobre a localização do novo aeroporto de Lisboa (estudo que ganhou um interesse acrescido com "o erro de Alcochete").

todavia certo que daqui a poucos anos, ou mesmo antes, se dará notícia de um número apurado muito superior **mas de sentido inverso**, evidenciando **o erro irreparável de uma solução muitíssimo mais cara**...

Mesmo em relação a esse número, considerando apenas a construção do próprio aeroporto, foi enorme a "evolução" verificada já em poucos meses (!), sendo a construção em Alcochete não milhares de milhões de euros mais barata, apenas 264,6 milhões de euros menos (4.926,6 milhões de custo, contra 5.191,2 milhões se fosse na Ota (ver Ramos, Macedo e Neves, 2008, p. 41). Julga-se todavia que assim é agora, quando não estão ainda feitos estudos mais pormenorizados dos terrenos de Alcochete, com muito mais dificuldades do que as afirmadas inicialmente, não sabemos com que intenção; podendo bem vir a verificar-se que mesmo a construção do aeroporto teria ficado mais barata na Ota[83].

Fomos além disso já falando nas acessibilidades a um e outro local, com a Ota a ter o "privilégio" de ser "atravessada" pelas principais vias ferroviárias e rodoviárias nacionais, que não deixarão de lá passar mesmo sem a construção do aeroporto (não havendo ainda necessidade da antecipar, agora e no futuro, pontes caríssimas que só seriam necessárias uns anos mais tarde). Haveria uma poupança de milhares de milhões de euros, acrescida de uma menor factura e de uma menor dependência energéticas, agora e no futuro. Trata-se de consideração que não deixa de ser reconhecida no relatório do LNEC, não tirando todavia daí a implicação devida.

Também no plano financeiro, teve grande impacto na opinião pública – tê-lo-á ainda – a ideia de que enquanto na Ota só uma parte dos terrenos é do Estado (o terreno da Base Aérea; mas geralmente nem disso se fala...), em Alcochete é de graça o terreno onde está a

---

[83] No auge da "campanha anti-Ota" chegou a circular na imprensa uma fotografia de um terreno alagado, aparentando condições muito desfavoráveis. Não conseguindo nenhum dos Presidentes das Câmaras da área reconhecer o terreno, veio a apurar-se depois que tinha havido um engano, sendo a fotografia de um terreno próximo da foz do Quanza...

Carreira de Tiro, designadamente o bloco H – 6, destinado à construção do aeroporto.

Naturalmente é "argumento" não invocado no relatório do LNEC, sendo óbvio que um terreno por ser do Estado não é "de graça": tem valor económico, valor alternativo, sendo a mesma coisa comprar-se terreno a terceiros ou, sendo o aeroporto localizado em terreno público, obter receita com a sua transacção. Um terreno onde pode ser feito um grande aeroporto tem um enorme valor de mercado, podendo ser utilizado para instalações industriais, entrepostos comerciais, habitações, etc.. Trata-se de valor, nacional, que não pode deixar de ser considerado nas contas públicas (e naturalmente nas contas a fazer com o consórcio que vai construir e explorar o aeroporto).

É para além disso incompreensível, como fomos também adiantando já, que na análise de custos do LNEC e na decisão final não tenha sido considerada a necessidade de relocalizar o Campo de Tiro. Sendo entendido que Portugal tem de ter uma infra-estutura de defesa desta natureza, há custos enormes a considerar, que não se compreende que não tenham sido considerados no relatório.

Não pode entender-se que se tenha dito que a localização na Ota obrigaria igualmente a essa relocalização. Tem de ser feita em relação a Alcochete, porque passa a haver aqui um aeroporto. Mas na Ota, além de estar a duas dezenas de quilómetros de Alcochete, há desde há décadas um aeroporto militar – trata-se de circunstancia permanentemente esquecida... – que nunca pôs naturalmente em causa os exercícios do Campo de Tiro. É pelo menos estranho que só agora se fale nisso...

Em termos de custos, as "não poupanças" de Alcochete ficaram ainda reforçadas com o anuncio, no dia 27 de Agosto de 2008, de um dispêndio de mais de 2 mil milhões de euros (quase metade do investimento no TGV Lisboa-Porto, aliás só em pequena medida à custa do erário público...) para compensar 16 Câmaras da área pelo abandono do aeroporto na Ota.

Vai-se vendo pois mês a mês como **se "poupam" milhares de milhões** de euros com a escolha de Alcochete, desfazendo-se a "montagem" feita!

E o que estará ainda para vir, com a crise financeira agora em curso a mostrar bem que não se pode "brincar" com os recursos públicos, investindo-se em infra-estruturas desnecessariamente muito mais caras e que nunca serão rentávies?

– *A "competitividade internacional" de um aeroporto (Alcochete melhor que Lisboa?)*

Com interesse muito especial para a análise deste livro, sobre a competitividade territorial de Portugal, não pode deixar de ser dada por fim atenção a uma das variáveis consideradas no estudo do LNEC: a da "competitividade e desenvolvimento eonómico e social" (mencionada logo na p. 22 e desenvolvida pp. 212 ss.).

Foi uma das sete variáveis consideradas, por seu turno uma das quatro que determinaram (cada uma so por si!) a "vitória por quatro três", tangencial, em relação à localização na Ota[84-85].

---

[84] Um dos jornais de referência portugueses, o *Diário Económico*, ao anunciar a escolha de Alcochete (no dia 11 de Janeiro de 2008), sublinhou em sub--título que "Governo decide com grande rapidez".

Tendo o relatório do LNETI sido entregue na véspera, não pode aliás deixar de causar a maior admiração a rapidez de leitura e ponderação de argumentos dos membros do nosso Executivo, por certo preocupados nesse dia também com outros *dossiers*.

Só a falta de tempo de leitura poderá justificar contudo que não tenham sido notadas as **inconsistências do relatório**, por exemplo as faltas de consistência dos cálculos dos custos (hoje já ninguém porá em dúvida que a solução de Alcochete, v.g. com os acessos indispensáveis, é alguns milhares de milhões de euros mais cara) ou a impossibilidade de se compreender que Alcochete esteja mesmo acima de Lisboa em internacionalização e nível tecnológico (é o aspecto que desenvolvemos a seguir no texto).

Num caso de tanta importância para o nosso país não se teria justificado um tempo de discussão pública, no caso com o maior relevo, pois certamente tinha sido chamada a atenção para as referidas "falhas" do relatório? Teria havido então a oportunidade de as emendar

[85] Na "campanha anti-Ota" foi dado ainda grande relevo, com enorme repercussão na imprensa, a uma alegada insegurança para a navegação aérea nessa

localização. Não estamos a exagerar dizendo que por vezes chegámos a ter a imagem de se estar a caminhar para um "cemitério de aviões".

Não deixámos de ficar preocupados no início, naturalmente a pensar nos outros mas, como se compreenderá, também a pensar em nós próprios e na nossa família, pois viajamos com grande frequência. Tratar-se-ia de variável a sobrepor-se a todas as demais, pondo um "ponto final" na questão. Não seria preciso estar com mais ponderações!

Ficámos todavia sossegados quando vimos num texto básico publicado, com uma grande divulgação junto da opinião pública (Henriques, org., 2007, p. 39), tal perigo ser ilustrado com um desastre aéreo em que, em Julho de 1955, perderam a vida os pilotos de oito F-24 da Força Aérea: num desastre que ocorreu porém numa serra nas imediações de Coimbra, a mais de 160 quilómetros da Ota, pouco a norte do bloco H-6 do Campo de Tiro de Alcochete, onde vai ser construído o aeroporto (o autor destas linhas nunca esquecerá o horror desse dia, sendo então aluno do Liceu D. João III).

Simultaneamente, foi dado também muito relevo à saturação próxima do aeroporto, chegando a dizer-se que tal aconteceria em 13 anos.

O problema da segurança não é naturalmente levantado sequer no estudo no LNEC. Depois de a problemática de "segurança, eficiência e capacidade das operações do tráfego aéreo" ser enunciada no início (p. 22), entre os 7 "factores críticos para a decisão", nas conclusões (p. 279) o estudo é muito claro com a afirmação de que "é técnica e economicamente viável, em ambas as localizações (zona da Ota e zona do CTA), a construção de uma infra-estrutura aeroportuária com características adequadas para satisfazer a finalidade e os pressupostos de base que enformaram a decisão governamental de dotar Lisboa de um novo aeroporto, tendo em vista o horizonte de funcionamento de 2017 a 2050".

Não poderia ser-se mais claro! Há de facto uma elevação a noroeste, mas menor e mais afastada do que as que por exemplo estão próximas dos grandes aeroportos da Suíça, onde felizmente não há desastres a lamentar. Está-se além disso sempre a esquecer que na Ota desde há meio século vêm levantando e aterrando aviões. O que mudou? O "inferno" só foi descoberto agora, com alguma imprensa a dar a ideia de que seria um "cemitério de aviões"?

Podendo ser-se já sensível à possibilidade ilimitada de expansão, será de perguntar se uma eventual necessidade de expansão na segunda metade do século XXI, para além de cinco ou seis dezenas de milhões de passageiros, justificará um serviço muito pior na primeira metade do século. Como escrevemos noutro local, trata-se de consideração que deveria ter levado a que o aeroporto da Portela não

Trata-se todavia de variável que, podendo **impressionar, esmagar** mesmo, à primeira vista, deixa muitas dúvidas e mesmo perplexidades, a diferentes propósitos.

Alicerça-se em grande medida na possibilidade de em Alcochete haver um cidade-aeroporto, algo nunca concretizado e caracterizado (...), que **daria a Portugal uma vantagem competitiva em termos mundiais**. Assim poderia acontecer por haver em Alcochete uma disponibilidade de terrenos que não há na Ota.

A primeira pergunta a fazer[86] é naturalmente sobre se não se estará já a pensar no que se afirma querer evitar mas é bem de recear

---

tivesse sido instalado aqui, dado que seis décadas depois (agora) não poderia manter-se. Estamos todavia seguros de que foi bom que assim tivesse acontecido, para Lisboa e para o país. E quando o aeroporto na Ota chegasse à saturação, na segunda metade do século, seria tempo de se ter "Ota *mais* um" (tendo então o movimento que justificaria – só esse movimento! – haver dois aeroportos na mesma área urbana, tal como acontece – quase só aí – em Londres e Paris, não em Madrid, Bruxelas ou Amesterdão...).

Não deixará já de ser correcto o que se diz p. 281 sobre o aeroporto em Alcochete: "o espaço disponível e as características físicas (orográficas e outras) desta zona permitem uma flexibilidade e uma capacidade de expansão, quer para o aumento do número de pistas quer para instalação de uma cidade aeroportuária, que não se encontra na zona da Ota. Considerando as duas pistas previstas, a maior capacidade em número de movimentos das aeronaves que a localização na zona do CTA garante, com a possibilidade de funcionamento independente das pistas, é já de si uma vantagem acrescida".

São vantagens reais, mas a contrapor às vantagens, também reais e muito superiores, da localização na Ota, servindo muito melhor o país; tendo de perguntar-se ainda se são compagináveis com as **exigências de ambiente que não podemos deixar de passar a ter em Portugal** (com um aumento do número de pistas e a cidade aeroportuária de que vamos falar a seguir).

E, como referimos há pouco, mesmo por razões de ordenamento do território não se justificará que se vá além de um determinado volume de tráfego, de algumas dezenas de milhões de passageiros: devendo ir-se então para a utilização de outro aeroporto.

[86] Face ao que se diz a seguir, compreende-se bem que a Comissão de Coordenação e Desenvolvimento Regional (CCDR) de Lisboa e Vale do Tejo, com as responsabilidades que lhe cabem, defenda que "Alcochete não deve ter cidade aeroportuária" (cfr. o *Diário Económico* de 18 de Março de 2008). Nas palavras

(não se pode ser ingénuo…), que o novo aeroporto não ficará limitado ao terreno onde não haverá objecções ambientais (bem como talvez ao terreno público do Campo de Tiro de Alcochete…). Tal cidade exigirá alegadamente já 3.800 hectares, provavelmente mais, comprometendo-se valores básicos a preservar (provavelmente as autoridades da EU não admitirão tal devassa…)[87].

Por outro lado, é de perguntar se a nossa competitividade, ou a competitividade de qualquer país, poderá estar baseada nesse tipo de cidade. Estando o aeroporto não longe de Lisboa, bem como de outros centros urbanos (apenas a título de exemplo, Oeiras, com o seu parque tecnológico, ou Coimbra, com todos os seus serviços universitários), a nossa competitividade não estará antes numa linha de policentrismo, com a participação de infra-estruturas várias (quase todas já existentes e de grande prestígio)?

Não vemos aliás que seja esse o modelo dos grande aeroportos da Europa e de fora da Europa, podendo distinguir-se a título de exemplo o de Frankfurt, servindo infra-estruturas (as melhores!)

---

correctas e sensíveis do seu Presidente, Fonseca Ferreira, "as actividades deverão ser distribuídas por várias zonas": "Havemos de reservar um espaço na envolvente do aeroporto para acolher actividades logísticas, eventualmente indústrias e residências, mas não vemos que se vá construir uma grande cidade aeroportuária em torno do aeroporto. Consideramos mais que parte dos defeitos do aeroporto se devem distribuir".

Assim deve acontecer, seguindo-se os exemplos dos países melhor organizados, não só por razões de ordenamento e ambientais como de competitividade mundial.

[87] Como seria de esperar, o Instituto de Conservação da Natureza e da Biodiversidade (ICNB) "chumbou" a escolha de Alcochete (cfr. o *Diário de Notícias* de 31 de Março de 2008). Mas, como seria igualmente de esperar, não se deu relevo nenhum a este "chumbo"…

O receio de que esteja de facto a prever-se (a desejar-se?) uma enorme ocupação de terrenos (indevida?) resulta por exemplo, a par de outros passos, da crítica do LNEC à localização na Ota (p. 209), pela "dificuldade em acomodar uma 'cidade aeroportuária' segundo um modelo de **área extensa** e contígua ao aeroporto" (negrito nosso).

Poderia ser-se mais claro?

localizadas de um modo policêntrico no território nacional alemão. Também por exemplo em Londres, Paris, Madrid ou Nova Iorque, onde estão as grandes "cidades aeroportuárias"? Haverá afinal algum exemplo a apontar e a seguir?

Por fim, a par ainda de outras perplexidades, não vemos que relevo possa ter alguma componente percentual (não em valores absolutos) de exportações de indústrias ou de maior nível tecnológico alegadamente mais perto de Alcochete do que mesmo de Lisboa: circunstâncias que podem não ter nada a ver com os passageiros (empresários e quadros) ou com as mercadorias que demandam o transporte aéreo (não serão por exemplo automóveis ou ramas de petróleo...).

Trata-se de dúvidas que se acentuam com a observação dos quadros com que o estudo do LNEC (pp. 225 e 226) pretende evidenciar estas **impressionantes** e **decisivas vantagens competitivas de Alcochete**, quadros que é muito importante reproduzir aqui:

QUADRO 1

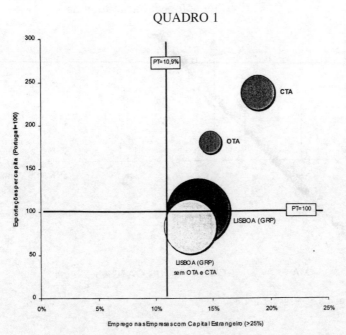

As "bolhas" representam a quota nas exportações nacionais em %. (GRP – Grande Região de Polarização)

Fonte: *Quadros de Pessoal, 2004*

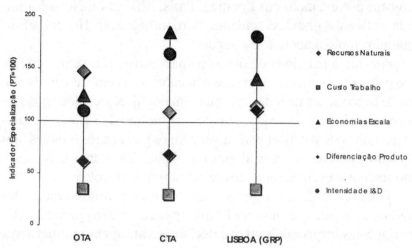

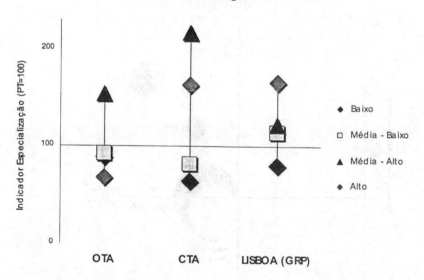

Fonte: Quadros de Pessoal, 2004

A especialização das áreas restritas de influência da Ota e do CTA
(Indicador de especialização calculado com base no Valor Acrescentado)

São vantagens que colocam **Alcochete mesmo acima de Lisboa**. Na lógica do argumento, admitindo que em Lisboa houvesse um terreno com todas as características para localizar um grande aeroporto internacional (com boas aproximações, sem riscos, etc.), ainda assim **Alcochete ganharia, com a sua maior internacionalização e o seu mais elevado nível tecnológico**...

Concordando-se com que o sul do Tejo não é um "deserto", não exageremos no sentido oposto, considerando a área nordeste do Campo de Tiro de Alcochete como sendo o "paraíso" ou mesmo o "céu": o centro do mundo em termos de internacionalização, inovação tecnológica e competitividade...

– *Repensar, tendo em conta dados novos com o maior relevo, a continuação da utilização da Portela*

Face ao "**Erro de Alcochete**", agravado com a inevitável continuação da subida dos preços dos combustíveis (e as dependências e vulnerabilidades do petróleo), além de dever antecipar-se a valorização do principal eixo ferroviário português (com o TGV, estendido até à Galiza), há que ter a coragem – estamos ainda a tempo de o fazer! – de se **repensar a continuação da utilização do aeroporto da Portela, como "mal" claramente menor**[88].

Para tal poderá beneficiar, com enorme significado, da já referida extensão da linha vermelha do metropolitano de Lisboa, a partir da estação do Oriente.

---

[88] Especialmente sensíveis à subida dos preços dos combustíveis e à evolução do mundo, vimos já atrás as posições actualizadas de Fernando Madrinha e de Nicolau Santos (em 6.2): defendendo o primeiro o protelamento da utilização da Portela e o segundo (depois de ter sido "um entusiástico defensor da construção de um novo aeroporto") que deveria "ser suspensa por algum tempo a construção do novo aeroporto de Alcochete": o que leva naturalmente também a um protelamento na utilização da Portela.

Será a decisão mais correcta, complementada naturalmente por uma análise aprofundada do caminho a seguir no futuro, com as maiores cautelas nos domínios do ordenamento, do ambiente, energético e financeiro, tendo especialmente em conta as incertezas e as evoluções recentes e previsíveis.

Estamos aliás perante mais uma "originalidade portuguesa", uma originalidade extraordinária, que não deixará de figurar nos manuais de urbanismo e ordenamento do território: tomando-se a **decisão para se chegar em metropolitano à aerogare da Portela, em Agosto de 2008, quando está tomada a decisão** (repetidamente reiterada pelo Governo) de **se abandonar este aeroporto**.

Não houve tal preocupação durante as várias décadas em que o aeroporto e o metropolitano, com dezenas de quilómetros de linha, estavam já em funcionamento. Há duas décadas assistiu-se mesmo, com estupefacção, à abertura de uma nova estação de metro **do outro lado da pista**; quando seguramente em qualquer país "bem organizado" teria sido dentro da aerogare (carpindo esta mágoa, durante semanas mantivemos na nossa pasta uma fotografia aérea de Lisboa que ilustrava tamanha "originalidade"!).

Saindo o aeroporto da Portela, a nova linha e a nova estação quase não chegarão a servi-lo, ficando para o serviço ao *shopping center* que provavelmente será instalado nos edifícios, na esperança de que não seja para servir também novos empreendimentos, com muitas toneladas de betão, onde estão as pistas, para se obterem os proventos necessários para se financiar o custo tão avultado do novo aeroporto (necessariamente bem maiores, tendo-se ido para uma solução muito mais cara).

Será de reconsiderar afinal a solução apontada pelo já referido estudo da Universidade Católica Portuguesa, defendendo Portela + 1, talvez Portela e Montijo. Trata-se de solução com a qual haverá uma alegada poupança directa de 2 mil milhões de euros, valor todavia muito aquém da poupança real, tendo em conta as infra-estruturas de acesso que podem ser evitadas (caso do *shuttle*) ou adiadas (caso de uma nova ponte), bem como os custos energéticos e de congestionamento num acesso que de Lisboa (do Campo Pequeno) é de mais de 50 quilómetros e de Cascais ou Sintra de mais de 70[89].

---

[89] Não sendo o caso de se tratar e uma localização sobre os eixos ferroviários principais de um país, como aconteceria na Ota (com enorme poupança

A defesa da manutenção do aeroporto da Portela, com algum complemento (Portela + 1) ganha aliás agora o **novo e importantíssimo argumento**, referido há pouco, **da construção de uma linha e de uma estação de metropolitano que o servirão**: linha que está integrada na rede geral do metropolitano de Lisboa e que, levando à estação do Oriente, serve as duas linhas de maior tráfego do país (para além das sub-urbanas), a linha do TGV Lisboa-Porto e a linha do Norte, com uma cadência de dezenas de comboios diários em cada sentido.

Nada de importante pode deixar de ser considerado, num século em que o encarecimento e a possível dificuldade de obtenção dos combustíveis e de meios financeiros, sem dúvida de lamentar, poderá ser a única forma de nos levar em Portugal às soluções correctas dos pontos de vista ambiental e do ordenamento do território[90].

– *O erro de ser irreversível o abandono da Ota*

Não deveria pois, face aos argumentos de sempre e agora face aos custos e incertezas da energia (bem como as possíveis dificuldades financeiras), ter-se afastado a **hipótese de se voltar à Ota**. Muito já se despendeu com esta hipótese, estando muito trabalho de estudo e projecto já feito.

---

energética e de congestionamento), são maus os exemplos com aeroportos tão distantes do público a servir (aliás só um ou outro, na Europa).

Para o afastamento da Portela pode sem dúvida contribuir o argumento (a ponderar, no outro prato da balança, em alternativa aos que apontam para a sua continuidade) de um acidente ter implicações no tecido urbano de Lisboa. Trata-se todavia de argumento, invocado ainda recentemente quando do desastre de Barajas, que fica diminuído se afinal em Alcochete se quer fazer, como é afirmado e não temos dúvidas de que vai acontecer (com grande influência na decisão tomada...), uma grande cidade aeroportuária. Por melhor que se planeie essa mega-cidade, com infra-estruturas tecnológicas, industriais, etc., o risco é real, nunca se sabe onde cai um avião (as dramáticas experiências que se conhecem mostram quer não é necessariamente no enfiamento das pistas...).

[90] Terão sempre outra vocação aeroportos como os de Monte Real e Beja.

Ninguém levará a mal que se mude: tendo-se aceite a mudança **de uma solução correcta para uma solução incorrecta**, toda a gente aceitará **com alegria**, sendo finalmente bem informada, a mudança no sentido inverso, **de uma solução incorrecta para uma solução correcta**!

É por isso de lamentar, quando ainda tanto pode acontecer, a precipitação com que foram levantadas as medidas preventivas, sem dúvida no interesse imediato de muitos municípios e projectos empresariais (a um ano de eleições locais...).

Tendo acontecido assim, aconselharíamos vivamente as **Câmaras Municipais a não autorizar o comprometimento dos terrenos destinados ao aeroporto**, evitando-se um facto consumado, irreversível.

Não se querendo reconhecer os erros verificados com a avaliação e a escolha feitas, designadamente com os cálculos feitos (**erros clamorosos**), talvez por ter sido curto o prazo de que se dispôs, pode ter-se uma **saída airosa invocando-se o novo contexto internacional, com a crise e as incertezas energéticas**.

E acima de tudo tem de estar o interesse do país, designadamente o bem-estar e o progresso dos nossos descendentes, que bem merecem que não lhes deixemos um "presente tão envenenado"...

6.4. *Persistindo-se com Alcochete, a necessidade imperiosa de o aeroporto ser servido, dentro da aerogare, pelo TGV Madrid-Lisboa, só assim podendo ser um "aeroporto peninsular"* (*com a entrada em Lisboa pelo norte, com um custo várias vezes inferior e um acesso mais rápido para a grande maioria dos passageiros*)

Um mínimo de ambição para o nosso país, conjugada neste caso com um mínimo de racionalidade (num mundo que não admite irracionalidades totalmente desnecessárias) não pode deixar de levar, como fomos adiantando já, à alteração do traçado do TGV Lisboa-Madrid.

Para além de se evitarem duplicações de corredores ferroviários ou mesmo de ferrovias (com a previsão de TGVs para Madrid, em muito pequeno número, apenas 14, as mesmas linhas deverão poder comportar também o *shuttle* de Lisboa ao aeroporto), só assim se evita a situação, já referida (em 6.3.), que é um exemplo caricatural do que não deve ser feito. Será uma vergonha para o nosso país que a atracção de público espanhol seja feita obrigando-se os passageiros a ir a Lisboa e voltar atrás, perdendo assim mais de 40 minutos (e carregando com as bagagens na passagem de um comboio para o outro, de retorno: recorde-se o mapa 10). Mesmo quem seja de Badajoz chegará mais depressa a Madrid, o que as autoridades aeroportuárias e as companhias aéreas espanholas (ainda os hotéis, os restaurantes e as lojas de serviço ao aeroporto) muito nos agradecerão...

Temos de começar a fazer contas, depois dos milhares de milhões de euros a mais em infra-estruturas com muito menos utilização **que já não será possível evitar (será o caso do traçado errado do TGV de ligação a Madrid**); e ninguém pode levar a mal que **comecemos a ser ambiciosos**.

Por nós, achamos mesmo que temos obrigação de o ser!

No caso em análise, passando a linha do TGV na aerogare de Alcochete (como é imperioso que aconteça, caso se persista em construir aí um aeroporto peninsular...), a mera observação de um mapa (cfr. o mapa 12) aponta para que a entrada em Lisboa deverá ser por uma ponte mais a norte e a montante.

MAPA 12

Trata-se de solução ainda em aberto, mesmo que haja algum encargo[91] com a mudança da recente abertura do concurso para a linha do TGV Lisboa-Madrid, no nosso caso aliás apenas no espaço de alguns quilómetros a seguir ao Poceirão (passados esses quilómetros, nada haverá a alterar até ao Caia); estando totalmente em

---

[91] Foi bem maior o encargo com o infeliz abandono da Ota, de vários (muitos) milhares de milhões de euros...

aberto uma outra solução de entrada em Lisboa, dado que não foi ainda sequer aberto o concurso para a ponte Chelas-Barreiro.

Com uma ponte ferroviária mais a norte e a montante teremos uma ponte várias vezes mais barata: não temos elementos, mas deverá custar menos um ou dois milhares de milhões de euros.

Trata-se de ponte que poderá por isso ser facilmente "rentabilizada", pelo menos justificada, sem a necessidade da rodovia, estando perto a Ponte da Lezíria, longíssimo do congestionamento. E sem mais um "atractivo"rodoviário evitam-se os problemas de congestionamento e ambientais a que nos referimos no texto e na nota 51.

Não fica assim prejudicado em nada o acesso ao aeroporto em viaturas (ainda que desejavelmente minimizado, é de sublinhar de novo que será sempre importante e significativo!), que só em muito pequena medida seria feito pela ponte Chelas-Barreiro: em muito maior medida pela Ponte Vasco da Gama, mais a montante e por isso mais próxima de Alcochete. Trata-se de ponte ainda muito longe do congestionamento, com um terço do movimento da ponte 25 de Abril. Nunca esteve por exemplo congestionada nos dias e horas de maior pressão em Julho e Agosto de 2008. E quem seja dos concelhos a oeste de Lisboa, como são os casos da Cascais e Sintra, acabará por ir em alguns casos, em horas de ponta em Lisboa, pela Ponte da Lezíria, como se disse já, "chorando", ao passar à vista da Ota, o abandono desta localização mais favorável (que teria poupado quinze ou vinte quilómetros de percurso).

Entrando o TGV de Madrid pelo norte de Lisboa, há por seu turno uma poupança de vários milhares de milhões de euros nos serviços ferroviários, como se foi adiantando atrás: com um troço comum à ligação Lisboa-Porto, em duas ou três dezenas de quilómetros (o que só por si significará três ou quatro centenas de milhões de euros); uma única estação em Lisboa, servindo as saídas para o Porto, para Madrid (em TGV, e servindo também o aeroporto); com um corredor capaz de ter ainda o *shuttle* para Alcochete, com uma distância menor, dada a localização da aerogare no extremo nordeste do Campo de Tiro de Alcochete, em H-6, do que pela mais distante ponte Chelas-Barreiro. Naturalmente, com a maior racionalização poderia haver assim ainda uma alternativa para a ligação em comboio ao Algarve, para além do serviço pela Ponte 25 de Abril.

Sendo nós sensíveis também aos interesses do norte e do centro do país[92], poderá haver assim ainda a possibilidade de ligações directas em TGV do Porto a Madrid (e ao novo aeroporto), evitando-se uma sobrecarga desnecessária de Lisboa.

Esperamos bem que se vá para esta solução muito mais favorável, para Lisboa, para o conjunto do país e muito em particular para os já tão sacrificados contribuintes portugueses (e, como se lembrou, ainda não foi aberto o concurso para a a construção da ponte Chelas-Barreiro).

Os nossos concidadãos bem merecem que em Portugal haja a mesma preocupação com a racionalidade dos transportes e com as contas públicas que há no países "bem organizados" da Europa: no fundo, nos países ricos, que em boa parte o são precisamente porque **fazem contas**...

Mas mesmo que se persista com soluções incorrectas **têm o direito, direito que num Estado democrática não lhes pode ser negado**, a que seja publicado um Livro Branco em que com todo o rigor sejam indicados todos os custos (bem como os tempos de deslocação) com as várias soluções que poderiam ou podem ainda ser seguidas, como alternativas às que estão em concretização ou são de recear: desde o T deitado na ligação em TGV Lisboa-Madrid, à escolha da Ota para o novo aeroporto ou ao serviço ao aeroporto de Alcochete pelo TGV de Madrid, com a entrada em Lisboa num troço comum com a linha Lisboa-Porto.

Como aceitar que não se divulguem estes números?

---

[92] Ninguém deverá levar a mal que o sejamos: não ficando aliás Lisboa prejudicada, pelo contrário, ficando também favorecida com a solução que propomos, e vivendo no norte e no centro do país mais de 60% da população portuguesa

6.5. *A implantação dos centros de apoio mais qualificantes*

Um aproveitamento eficiente dos recursos do país exige em muitos casos serviços de proximidade, que deverão ser colocados em centros urbanos das várias regiões.

Voltaremos a este ponto em 9, quando falarmos da regionalização.

Mas mesmo não havendo regiões, há que ter sensibilidade para a necessidade de se reforçar a malha urbana nacional.

Trata-se de necessidade a que o PNPOT é sensível, em termos gerais e com várias propostas de articulações urbanas. Assim acontece com a sugestão já referida de promoção de cidades do interior, em articulação com a dinâmica de centros urbanos espanhóis, bem como, no território entre Setúbal e Braga, para além da promoção das áreas metropolitanas de Lisboa e Porto, com a sugestão de valorização do "polígono Leiria-Coimbra-Aveiro-Viseu" (cfr. p. 188).

Para que assim aconteça, tem de haver serviços de proximidade, capazer de dar resposta ajustada e pronta a quem os procura: podendo ser serviços leves, com um custo total menor do que o custo enorme de serviços centralizados.

A existência de serviços de qualidade em todas as regiões é além disso condição indispensável para que se mantenham nelas quadros mais qualificados, designadamente pessoas mais jovens. A razão decisiva para a "sangria" para Lisboa não é o nível das remunerações (talvez até maiores em termos reais, com encargos menores de habitação, transportes, etc.), mas sim a possibilidade de valorização profissional e ascensão na carreira, com capacidade de iniciativa e funções de responsabilidade[93].

Tem de reconhecer-se todavia que há serviços que não devem ser repartidos, ou que pelo menos exigem uma coordenação nacional.

---

[93] Entre muitos outros exemplos, será de referir o caso lamentável das delegações regionais do INE, no Porto, em Coimbra, em Évora e em Faro, que deixaram de poder ter as tarefas de investigação de que anteriormente se encarregavam, com mérito indiscutível.

Mas não há nada que justifique que tudo o que é nacional seja na capital, podendo lembrar-se de novo países bem organizados, como são os casos da Suíça ou da Alemanha, ainda aqui dentro de cada estado, com a desconcentração das sedes dos serviços, localizadas em cidades variadas. A própria França, com uma penosa tradição de centralismo, que tanto a tem prejudicado, deu alguns passos significativos, com a localização de serviços nacionais fora de Paris.

Para além de outras razões, em Portugal foi-se criando a imagem de que algo que seja nacional tem de ser na capital. É em grande medida um **problema cultural**, impondo-se que no século XXI haja uma **mudança de mentalidade**, com a aceitação de que em outras cidades e com outros cidadãos pode haver também responsabilidades nacionais[94].

---

[94] O problema já não se põe, não se levantando a mesma dúvida, quando se trata da prestação obrigatória do serviço militar ou do pagamento de impostos, não havendo a estes propósitos reservas à responsabilização e à participação nacionais das várias regiões...

Numa inversão clara de valores, receamos aliás que se vá acentuando também a ideia de que é "provincianismo" a defesa do todo nacional, não apenas da capital do país: quando de facto o que é "provincianismo" é a defesa apenas de uma "província", de um espaço regional, seja ele qual for, mesmo o espaço da capital.

Há de facto um problema cultural no nosso pais, para sorte deles sem paralelo nos países "melhor organizados", que não acreditamos que haja forças capazes de o fazer mudar: com a consequência de poder influenciar e afastar alguns que poderiam ter um papel de relevo no reforço do todo nacional, para fugir à carga negativa que lamentavelmente tem vindo a estar ligada ao qualificativo de "provinciano"...

É problema que não se põe na Alemanha, na Holanda ou na Suíça, onde grande parte dos quadros mais qualificados vive e trabalha na "província", em aglomerados urbanos de pequena dimensão (por exemplo o "quartel-general da componente médica da Siemens é em Erlanden, uma cidade com poucas dezenas de milhares de habitantes..."). Neste país ninguém se sente incomodado por ser "provinciano" (ou, sem dúvida com muito maior relevo, prejudicado nas suas iniciativas e na sua realização pessoal por viver e trabalhar na "província").

Os serviços de várias naturezas – do ensino à saúde ou ao apoio económico – podem e devem ser proporcionados em todo o território, sendo excepções os casos em que não se justificam estruturas descentralizadas ou pelo menos desconcentradas.

Só para ilustrar com outra realidade do continente português, a realidade dos valores culturais construídos, ligados à nossa história riquíssima, podemos ver onde está o património classificado reproduzindo, como mapa 13, o mapa que consta da p. 120 do PNPOT:

MAPA 13

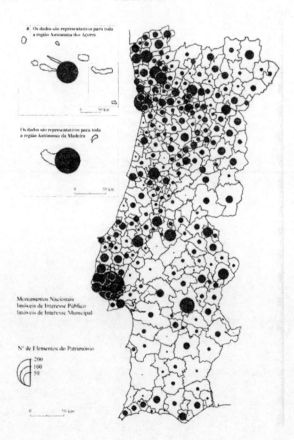

Há pois um grande equilíbrio, entre as regiões e em cada região, sendo também muito rico o património que se encontra em zonas do interior mais desfavorecido (assim acontecendo aliás porque ao longo dos séculos não houve o centralismo actual...).

Justificar-se-á pois que seja desconcentrado ou mesmo descentralizado muito do que diga respeito à conservação do património, bem como naturalmente serviços de apoio a um desejável turismo cultural, que cada vez mais proporcione a sua visita a interessados do país e do estrangeiro (valorizando-se assim o tecido social e económico das suas áreas, com alojamentos, restaurantes, iniciativas culturais, etc.).

7. Os fundos "estruturais" da União Europeia e as verbas do PIDAC

Ao contrário do que acontece no nosso país, há na União Europeia a preocupação com um maior equilíbrio territorial. Portugal tem pois a sorte de estarem e participarem em Bruxelas responsáveis (incluindo naturalmente a participação **aí** dos responsáveis portugueses...) com outro tipo de perspectiva.

Numa lógica de promoção de um maior equilíbrio, as regras dos fundos estruturais, em particular do FEDER, apontam para que se apoiem em maior medida as regiões mais desfavorecidas, com a maioria das verbas destinadas às regiões objectivo 1, na terminologia actual regiões de "convergência", as regiões que têm um PIB *per capita* abaixo de 75% da média comunitária.

Se se seguisse em Bruxelas a lógica, referida atrás, do "motor" ou dos "motores" das economias, não haveria a política regional da União que, em termos economicamente correctos, tanto tem promovido Portugal. De um modo crescente com a globalização, a Europa tem de competir com os Estados Unidos, com o Japão ou agora também com a China e com a Índia (ainda com outros países crescentemente dinâmicos), devendo por isso "puxar" pelo que tem mais vantagens competitivas na Europa: na Alemanha, na França, no Reino Unido ou na Holanda.

Deveriam ir pois para aqui (não para Portugal...), para onde, com realismo, a Europa tem mais capacidade para responder aos desafios da globalização, as verbas de eventuais fundos estruturais.

Portugal muito tem beneficiado por na União Europeia não se ter seguido esta lógica: seguindo-se antes uma lógica de desenvolvimento territorial mais equilibrado, com o qual se conseguem vantagens de bem-estar e de competitividade (numa lógica de "regiões nascentes": cfr. Porto, 2001, p. 384).

Mas o que pelos nossos responsáveis é julgado bom em Bruxelas já não é julgado bom entre nós, acentuando-se os desequilíbrios internos, com legislação discriminatória, favorecedora das áreas mais favorecidas (vê-lo-emos melhor em 8), em particular com uma canalização muito maior de fundos públicos para estas áreas (beneficiadas aliás já com economias de escala e externas de diversas índoles...).

Trata-se de uma estratégia assumida. Quando ficou claro que a Região de Lisboa não poderia continuar a ser considerada no objectivo 1 (assim acontece agora também com as regiões da Madeira e do Algarve, não podendo estar igualmente no que agora se designa por regiões de "convergência"), foi anunciado logo pelos responsáveis políticos que tal afastamento seria compensado com verbas do Fundo de Coesão e do PIDAC (cfr. Porto, 2001, pp. 403-6). E passou a assumir especial gravidade, em concretização desta "ameaça", a atrás referida Resolução do Conselho de Ministros n.º 86/2007, de 3 de Julho de 2008, que aprovou o Quadro de Referência Estratégica Nacional (o QREN) agora em aplicação (recorde-se da nota 20). Havendo regulamentos comunitários muito claros, exigindo selectividade, com a concentração de verbas nas regiões de "convergência", quis-se ultrapassar esta "dificuldade" com uma argumentação na linha de que os investimentos na Região de Lisboa teriam efeitos (de *spill-over*) especialmente vantajosos para as demais, designadamente para as regiões mais desfavorecidas: retirando-se-lhes verbas a que tinham direito[95].

---

[95] Tem por isso toda a justificação a iniciativa da Junta Metropolitana do Porto, contestando a legalidade da Resolução, em particular a sua conformidade com a legislação comunitária; sendo de esperar que outras entidades se empenhem também na exigência do cumprimento das regras estabelecidas.

O Governo actuou assim, com uma mais do que criticável aquiescência da União Europeia, na linha da filosofia do motor ou dos motores das economias, a que nos referimos em 5 c).

Procura-se pois que nada mude no nosso país, deseja-se que se mantenham ou acentuem mesmo os desequilíbrios; tal como tem vindo sempre a acontecer; podendo apenas a título de exemplo recordar-se que em 2001, numa linha que se tem mantido ou mesmo reforçado, 48,4% das verbas regionalizadas do PIDAC foram para os distritos de Lisboa, Setúbal e Porto, basicamente para as duas áreas metropolitanas. São além disso despendidas fundamentalmente em Lisboa, em iniciativas "nacionais", as verbas não regionalizadas.

Analisando o que se tem verificado com os Quadros Comunitários de Apoio, constata-se que, ainda que haja um maior equilíbrio nas verbas em geral (em especial com o FEDER), mesmo um favorecimento *per capita* das regiões mais desfavorecidas, tem-se veri-

---

Portugal é contudo um exemplo claro, naturalmente a par de vários outros, do erro de tal ideia, tendo a polarização de Lisboa sido ao longo dos tempos um factor determinante de empobrecimento da generalidade do país, mesmo de zonas bem localizadas e onde houve anteriormente excelentes provas de dinamismo empresarial. O enfraquecimento do próprio Porto é uma consequência da situação que se foi criando, com o esvaziamento de funções desempenhadas por esta cidade.

Tomando apenas o caso das verbas de I & D a que as regiões de "convergência" tinham direito (dos outros casos de fuga ao princípio da territorialidade falámos já na nota 20, dando além disso os exemplos igualmente esclarecedores de outros centros urbanos), poderá seriamente dizer-se que as instituições do Porto (para não falar de outros centros) não teriam capacidade para as utilizar em benefício da Região Norte? Ou ainda, alguém irá ao ponto de dizer que sendo gastas em Lisboa terão um efeito dinamizador maior (com o *spill-over* verificado) no norte do país (criticando fortemente este ponto pode ver se J. Silva Peneda, em *Carta da Europa* de Junho a Agosto de 2008)?

Trata-se por outro lado de filosofia perigosa, que é perigoso que seja defendida em Bruxelas: levando a que, face aos desafios da globalização, se concentrem todos ou os mais importantes recursos da União nas zonas mais competitivas, no centro da Europa. Os números sobre os superaves das balanças comerciais de mercadorias da Alemanha e da Holanda, referidos na nota 22, falam por si...

Deveriam por isso concentrar-se os meios aí, esperando efeitos de *spill--over* capazes de promover Portugal, a Grécia e os novos membros menos favorecidos...

ficado uma concentração enorme com as iniciativas mais qualificantes: a título de exemplo, logo no I Quadro Comunitário de Apoio foi especialmente agravador dos desequilíbrios o apoio do Fundo Social Europeu, com uma capitação na Região de Lisboa e Vale do Tejo mais do que dupla das capitações nas Regiões Norte, Centro e do Algarve; no I e no II Quadros foi muito grande a concentração das verbas de investigação e desenvolvimento tecnológico (I & D); podendo recordar-se ainda a concentração total das verbas para renovação urbana que se verificou com o II Quadro Comunitário (cfr. as referências em Porto, 2001, p. 404).

Tem vindo pois a contribuir-se assim para a acentuação do fosso de que temos vindo a falar, **enfraquecendo-se o nosso país quando era possível (mesmo fácil...) e tão importante fortalecê--lo, face a um mundo de tanta exigência.**

8. A "fuga" a legislação e medidas iguais para todo o país, favorecendo-se as áreas já mais favorecidas

Não deixando de ter presente um ou outro caso em que há discriminação positiva em relação a zonas mais desfavorecidas, designadamente no domínio fiscal, assumem especial gravidade e maior relevo os programas e medidas dos "responsáveis" nacionais preocupados apenas com as zonas mais favorecidas (com um âmbito territorial limitado a estas zonas...).

Recuando uns anos atrás, pode recordar-se um programa privilegiado de recuperação de barracas limitado às áreas metropolitanas de Lisboa e Porto. Como sublinhámos então (Porto, 1998, pp. 69-70), infelizmente não é todavia só aqui que "há barracas e carências de habitação, há-as igualmente em outras zonas do país". Podendo dizer-se que o problema "é mais agudo em Lisboa e no Porto", "tal não deixaria de ser tido na conta devida com uma legislação de âmbito nacional, pelo contrário, sê-lo-ia exactamente na medida correcta. A título de exemplo, estando em Lisboa e Porto 99% dos cidadãos carenciados iriam para aí 99% dos apoios financeiros, mas não seria já violado o princípio da igualdade entre os cidadãos, sendo atendida igualmente a carência de qualquer pessoa, mesmo uma só" (mas também **portuguesa**, ou residente no nosso país...), "que por pouca sorte viva fora das áreas metropolitanas portuguesas".

A par de muitos outros exemplos, em que podem incluir-se todos ou quase todos os grandes projectos nacionais[96], pode referir-se

---

[96] Por exemplo a Expo-98, um tipo de certame que na generalidade dos outros países não tem lugar nas capitais (ainda neste ano, sendo em Espanha, a Exposição Mundial teve lugar em Saragoça, seguindo-se à de Sevilha...). E agora

também um programa muito recente de construção de salas de aula, limitado às áreas metropolitanas de Lisboa e Porto: passível das mesmas críticas que o programa de extinção de barracas[97].

---

a recuperação da zona ribeirinha de Lisboa começa a ser anunciada como a "obra do regime" da governação Sócrates (cfr. o *Sol* de 25 de Abril de 2008 ou o *Expresso* de 21 de Junho de 2008). Por nós, teríamos preferido que a "obra do regime" fosse a promoção do interior mais desfavorecido (mas com potencialidades!) do nosso país…

É importante sublinhar que só as ligações ferroviárias a fazer em Alcântara, numa extensão de alguns quilómetros, custarão 407 milhões de euros (apenas uma pequena parcela do total a afectar à recuperação ribeirinha…): ou seja, quase tanto como 30 quilómetros de linha de TGV, um décimo da ligação Lisboa-Porto! Deverá perguntar-se, naturalmente, se se justificaria o investimento caso se procedesse a uma análise rigorosa e completa de custos e benefícios (que naturalmente não será feita, estando aliás a decisão já tomada…).

O receio de que não venha a haver nenhum análise desta natureza agravou--se-nos com a leitura de uma entrevista muito recente do Presidente da Confederação do Turismo Português, José Carlos Pinto Coelho (ao *Semanário Económico* de 14/21 de Agosto de 2008): entrevista de que se destaca a afirmação, colocada em título da primeira página, de que *Frente ribeirinha de Lisboa não tem viabilidade económica*. Depois de afirmar sobre o projecto que, "como está apresentado, não há ninguém que ponha dinheiro naquilo", vem a admitir que possa haver uma reformulação, atractiva de "empresas de fora", "com terrenos que passam a valer o dobro"… Tratando-se do responsável máximo de uma entidade representativa de um sector com o maior relevo em Portugal, não pode deixar de se ficar com as maiores apreensões, com a frase final sobre se a rentabilização possível não seja à custa de muito cimento armado, comprometendo gravemente a cidade de Lisboa (só assim se evitando sacrifícios pesadíssimos para o orçamento do município de Lisboa e para o contribuinte português…).

Monod e Castelbajac poderiam juntar este exemplo aos que deram numa edição anterior da sua obra (cit., 8.ª ed., 1994, p. 7), mostrando a enorme desproporção dos custos das obras em áreas urbanas congestionadas: com a primeira extensão regional do metropolitano de Paris a custar tanto como a auto-estrada Paris-Marselha e o periférico da capital tanto como a auto-estrada Paris-Bordéus.

São os custos das *megalopoles*, para que infelizmente caminhamos em Portugal, mas que não se verificam em países com um ordenamento do território correcto, como acontece (recordemo-lo de novo) com a Holanda, a Alemanha ou a Suíça.

[97] Uma incompreensível "aceitação" da existência de "dois países" leva ainda por exemplo às enormes diferenças nas dotações orçamentais dos três prin-

Julgamos aliás que está mesmo em causa o respeito por princípios constitucionais básicos, em particular pelo princípio da igual-

cipais hospitais universitários do país, com os Hospitais de Universidade de Coimbra (HUC), de muito maior dimensão, em camas e serviços prestados, a ter menos pessoal e muito menos meios.

Os números são "arrasadores" (dispomos dos números completos de 2006). Em número de camas, os HUC têm 1.497, Sta. Maria 1065 (menos 28,86%) e S. João 1067 (menos 28,72%). Em doentes saídos, os HUC têm 47.701, Sta. Maria 34.838 (menos 26,97%) e S. João 37.494 (menos 21,40%).

Olhando-se para um tipo de serviço de especial exigência e alto custo, os transplantes, vemos que quando os HUC fazem 294, Sta. Maria faz 104 (cerca de um terço) e S. João 149 (pouco mais de metade).

Serviços de muito maior relevo são todavia proporcionados por menos pessoas, 4.784 em Coimbra, quando são 4.798 em Lisboa e 4.936 no Porto. A diferença resulta basicamente do número de médicos, 943 em Coimbra, 1.082 em Lisboa e 1.134 no Porto.

E nos consumos, por seu turno (medicamentos, outros produtos farmacêuticos, material de consumo clínico, etc.), constatamos que enquanto em Coimbra os HUC despendem cerca de 87,33 milhões de euros, em Sta. Maria são despendidos cerca de 107,61 milhões (mais 23,22%) e em S. João cerca de 107,31 (aproximadamente a mesma diferença percentual).

Fica pois bem à vista o encanto da "racionalidade" no grande ou nos grandes centros, sendo de perguntar como é possível que o Estado português e os responsáveis dos serviços não tenham as mesmas exigências e a mesma eficácia em todo o território. Será possível que **os anos se sucedam mantendo-se estas discrepâncias, à custa do contribuinte português**? **Ninguém assume esta responsabilidade, acomodando-nos com o centralismo** (no caso agora em análise, com a bicefalia)?

A questão ganhou grande actualidade com as dotações de capital dos três hospitais universitários, tranformados em entidades empresariais: com os HUC a terem uma dotação (vítimas da sua boa gestão?) mais espaçada e mais de 30% abaixo das de Sta. Maria e S. João.

Os exemplos sucedem-se pois nos diferentes sectores. Mas em relação a Coimbra, vítima do centralismo, não pode deixar de ser referido ainda o caso da co-incineração dos resíduos industriais perigosos (cfr. Porto, 2000).

Sendo uma actividade muito lucrativa para as cimenteiras, não "podia" ter sido concedida apenas a uma delas. Foi por isso atribuída à Secil e à Cimpor.

No caso da Cimpor, estando mais de 70% desses resídios na área de Lisboa (e a sul), era evidente que deveria ser feita na fábrica de Alverca. Foi aliás para

dade, com especial gravidade tratando-se de legislação no domínio social. Verifica-se com ela uma discriminação inaceitável, mesmo intolerável, entre os cidadãos do nosso país[98].

Mas um dos casos mais graves (sendo ultrapassado, em termos de quantitativos e a outros propósitos, pelo caso da RTP, referido em 6.2.6. e na nota 104), continuará a ser, de forma acentuada de ano para

---

aqui o pedido formulado, evitando-se os custos de transporte e a poluição dos veículos deslocando os resíduos por cerca de duzentos quilómetros.

Não entrando em pormenores do processo verificado, havendo naturalmente uma grande sensibilidade a tal propósito (por boas ou más razões, em Portugal os cidadãos não têm confiança na segurança dos sistemas), colocou-se num local mais longe dos eleitores e dos decisores.

Trata-se de "razão", bem estudada hoje pela ciência política (vê-lo-emos no número 9), que determina naturalmente a aproximação do que é desejável (grandes exposições, grandes laboratórios, etc.) mas que como é óbvio determina o afastamento do que não se quer ter na vizinhança.

A localização em Alverca seria aliás a única forma de as pessoas acreditarem em que não há riscos. O que impede que tal aconteça?

[98] O artigo 13.º da Constituição, depois de sublinhar, no n.º 1, que "todos os cidadãos têm a mesma dignidade social e são iguais perante a lei", dispõe no n.º 2 que "ninguém pode ser privilegiado, beneficiado, prejudicado, privado de qualquer direito ou isento de qualquer dever em razão da ascendência, sexo, raça, **território de origem**, religião, convicções políticas ou ideológicas, instrução, situação económica, condição social ou orientação sexual" (negrito nosso). Falando-se em "território de origem" e não em "território de residência" poderá dizer-se talvez que um transmontano ou um beirão que vá para Lisboa deixa de estar prejudicado, não sendo afectado pela sua origem. Já nos retorquiram aliás várias vezes (referimo-lo atrás), quando procurámos defender situações de igualdade entre os cidadãos do nosso país, que a solução está em irmos para Lisboa, nada proibindo esta migração. Mas para além de outras considerações, mesmo do interesse do país e dos próprios lisboetas, beneficiados sem tal afluxo (congestionador e agravador das condições de vida de quem lá está), é evidente que quem imigra continua a estar prejudicado com a sua origem, não dispondo à partida de casa, outros valores materiais, mesmo do enquadramento profissional e social de quem de lá é natural. Há pois um prejuízo resultante do "território de origem".

Não pode de facto fugir-se à **exigência de os portugueses terem os mesmos direitos – v.g. a mesma legislação – em todo o território nacional!**

ano, o caso do financiamento dos défices dos transportes colectivos urbanos de passageiros, cobertos pelo Estado nas áreas metropolitanas (de Lisboa e Porto) e já não nos demais centros urbanos do país[99].

Verifica-se assim uma situação injustificável nos planos da equidade e económico. Havendo défices também em outras cidades, são as Câmaras a cobri-los, à custa dos seus cidadãos (com impostos mais elevados ou a impossibilidade de prestação de outros serviços, v.g. de apoio social), a menos que não haja défice porque os cidadãos são sacrificados com tarifas muito mais elevadas do que nas duas áreas metropolitanas, cobrindo a totalidade dos custos... Já em relação a Lisboa e ao Porto são, como se disse, os cidadãos de todo o país a sofrer um sacrifício (mais sentido pelos mais pobres) que só aproveita aos cidadãos de duas áreas privilegiadas.

De nada adianta o argumento, meramente formal, de que em Lisboa e no Porto temos empresas públicas, nacionais, sendo municipais as empresas ou os serviços dos demais municípios. Além de as indemnizações compensatórias cobrirem também défices de empresas privadas (no caso de Lisboa), será de sublinhar que todos os demais municípios, **igualmente municípios portugueses**, aceitarão de bom grado que sejam também empresas públicas nacionais a fornecer os respectivos transportes urbanos.... E nada impede que tal aconteça!

Está aliás em causa, com esta situação, a necessidade imperiosa e inadiável de **a lei portuguesa definir o que é competência do Estado ou das autarquias**: mais concretamente, a necessidade de estabelecer, sem que se aceitem excepções, a quem cabe a responsabilidade dos transportes colectivos urbanos de passageiros. É de razoabilidade elementar – além do respeito por outros valores, mesmo constitucionais **da nossa ou de qualquer democracia** – que haja esta

---

[99] E foi já anunciado, no dia 10 de Outubro de 2008, o "escândalo" de que neste ano terão ainda um aumento global de 9%, muito acima da generalidade ou mesmo de todos os demais aumentos.

Um outro caso a apontar poderá ser o dos jogos, a lotaria e o totobola, de âmbito nacional, por isso com receitas de todo o país, mas que revertem apenas a favor da Santa Casa da Misericórdia de Lisboa: por isso com apoios sociais basicamente apenas nesta área.

definição. E foi já anunciado no dia 10 de Outubro de 2008, o **escândalo** de que neste ano teria ainda um aumento global de 9%!

Mas alguma maioria será capaz de o fazer? Estamos seguros de que não[100].

Temos assim uma situação não só iníqua como ineficiente, com uma distorção na economia através da criação artificial de uma excepção[101], deixando além disso de haver incentivo – indispensá-

---

[100] Propondo uma solução realista, solicitada então pelo Governo, mas que, como seria de esperar, não foi considerada, pode ver-se Porto (1990). Recentemente houve na Assembleia da República duas iniciativas de recomendação ao Governo, com o projecto de resolução n.º 283/X de Os Verdes (através do deputado José Miguel Pacheco) e 327/X (do PCP), visando respectivamente "a definição de critérios objectivos para a atribuição de indemnizações compensatórias, por parte do Orçamento do Estado", e "a adopção de medidas de apoio às empresas e serviços municipais de transportes públicos". As iniciativas foram todavia lamentavelmente rejeitadas, com os votos contra da maioria PS (tendo no primeiro caso votado a favor o PSD, o PCP, o BE e Os Verdes mas contra o PS, com o CDS-PP a abster-se; e no segundo caso votado a favor o PCP, o BE e Os Verdes e contra o PS, com o PSD e o CDS a absterem-se: cfr. *Diário da Assembleia da República*, I série, de 24 de Maio de 2008, pp. 35-6).

[101] Compreensivelmente, os responsáveis da União Europeia, em especial o Tribunal de Justiça das Comunidades, vão estando cada vez mais atentos a que se trata de distorções da concorrência que não se limitam ao plano interno, "afectam" "as trocas comerciais entre os Estados-Membros", "falseando" ou "ameaçando" "falsear a concorrência, favorecendo certas empresas ou certas produções". Com ajudas públicas em determinadas áreas urbanas estão a ser ajudadas as empresas aí localizadas, em relação às empresas de áreas desse **e dos demais países** onde não há este tipo de "benesses". Na sequência de indicações anteriores, o Acórdão Altmark não podia ser mais claro, em relação ao caso em análise: no seu n.º 77 diz-se que "...não está de forma alguma excluído que uma subvenção pública concedida a uma empresa que apenas fornece serviços de transporte local ou regional e não fornece serviços de transporte fora do Estado de origem possa, não obstante, ter influência sobre as trocas comerciais entre Estados-Membros"(no n.º 78 é posta em causa, mais concretamente, a possibilidade de concorrência no próprio serviço de transportes, por empresas estabelecidas noutros Estados-Membros, dados os benefícios proporcionado às empresas locais): cfr. Siebert, 2000 e, mais recentemente, Prosser, 2005, p. 145, Schwalbe, 2006 e Grötke, 2007.

Naturalmente, com o favorecimento das áreas de Lisboa Porto não nos preocupa (tanto) o prejuízo na concorrência provocado a empresas de outros países,

vel numa lógica de racionalidade –a que se verifique uma maior eficiência no sistema de transportes (sabendo-se que o dinheiro virá do OE, perto do fim do ano, sendo em muito maior medida outros cidadãos a sofrer o sacrifício…).

O escândalo mais recente, de 2008, foi o de, com a subida dos preços dos combustíveis, o Governo ter assegurado o congelamento dos preços dos passes sociais apenas em Lisboa e no Porto. O Primeiro-Ministro alegou que nos demais casos a responsabilidade seria dos municípios, com a razão "formal" já referida (e rejeitada por nós) de que só ali se trata de empresas do Estado (lembrámos porém que são concedidas indemnizações compensatórias também a empresas privadas…). Não estando todavia talvez convencido, ou totalmente convencido, com esta "razão", alegou ainda na Assembleia da República que nas duas áreas metropolitanas há diariamente "movimentos pendulares de trabalhadores".

O Governo **do país** não pode desconhecer contudo que também no Barreiro, em Setúbal, em Coimbra, em Aveiro ou ainda por exemplo em Braga há **trabalhadores**, muitos de **recursos modestos**, que têm de usar diariamente os transportes colectivos a caminho dos seus empregos (em "**movimentos pendulares**"!). Compreender-se-á pois que, face à desigualdade assim verificada, o Presidente da Associação Nacional dos Municípios Portugueses, Fernando Ruas, tenha lamentado a existência no nosso país de "portugueses de primeira" e "portugueses de segunda"[102].

---

preocupa-nos muitíssimo mais o prejuízo causado às demais áreas do nosso país, principalmente aos seus cidadãos: estando aliás em causa não apenas um problema de concorrência, acima disso está em causa o **respeito por um princípio básico de equidade entre os cidadãos portugueses**.

E preferíamos obviamente que fossem as autoridades do meu país a preocupar-se com os nossos concidadãos mais desfavorecidos e a afastar a iniquidade em análise, não os responsáveis de Bruxelas e do Luxemburgo…

[102] Cfr. o *Diário de Notícias* de 30 de Maio de 2008. Do protesto do Presidente da Câmara de Coimbra, Carlos Encarnação, é dada notícia por exemplo em *As Beiras* e no *Diário de Coimbra* de 17 e 18 de Junho de 2008, referindo que o aumento do gasóleo já provocou nos últimos meses um défice de 400 mil euros

Nunca será possível "ultrapassar" situações de injustiça e distorção clamorosa do mercado com a elaboração de argumentos mais ou menos formais. A única solução **teria de estar no seu afastamento**[103]: não acreditando todavia nós que algum Governo venha a

---

aos SMTUC's (Serviços Municipalizados de Transportes Urbanos de Coimbra), à custa apenas dos munícipes respectivos.

Aproveita o ensejo para referir mais uma desigualdade insuportável – **a juntar a todas as demais...**-, a desigualdade verificada nos serviços de abastecimento de águas e saneamento, em Lisboa feitos pela EPAL, por isso sem encargos para o município.

Justifica-se pois que conclua com a afirmação de que "também gostava de ter uma Câmara assim"!

[103] Um outro caso de injustiça e distorção gritantes está nas SCUTS, referido já atrás, na nota 66; além de outras também com implicações no ordenamento do território: sendo de lamentar que até agora nada tenha sido feito, com excepção da reintrodução de portagens na CREL e nuns troços a norte, numa maioria anterior (sugerindo soluções realistas e justas, com **discriminações positivas do interior**, podem ver-se textos do autor, designadamente os referidos nessa nota).

Lamentavelmente, a imprensa portuguesa só tem dado relevo (**negativo**!) às iniciativas que têm procurado sanar as injustiças, mostrando o tempo a mais que se demoraria pelos trajectos alternativos. Sensibiliza-se assim a opinião pública contra medidas correctas, que levariam a que deixasse de haver injustiças clamorosas. E nunca vimos, pelo contrário, **uma reportagem sequer** mostrando o tempo a mais (**em várias horas, várias vezes mais**!) que se leva para ir pela EN-1 de Lisboa ao Porto, a alternativa em relação a uma auto-estrada **em que sempre se tem pago portagem**.

Seria bom, de facto, que algum jornal, rádio ou televisão fizesse em breve uma reportagem neste sentido. Fica aqui o desafio.

Ficaria bem patente que não vale a pena, seriamente, vir com o argumento sempre invocado da não existência de "uma alternativa semelhante". Se houvesse alguma muito boa não se teria certamente feito a auto-estrada. E o argumento falha desde logo em relação ao Algarve, à EN-125, bem melhor (em alguns casos na perspectiva de grandes melhorias) que a velha EN-1, passando pelas localidades, com semáforos, rotundas, etc., congestionada todos os dias da semana, ao longo de todo o ano, não apenas num mês.

Havendo casos em que se ocupou a velha estrada, há sem dúvida que repor as possibilidades de circulação, até por respeito para quem tem veículos que não podem andar numa auto-estrada (mesmo sem portagem). Não serão cidadãos com direito a seguir nos seus "velhos" trajectos?

ser capaz de o fazer, dadas as circunstâncias (as forças...) que referiremos em 9.

No favorecimento real (esquecendo-se rapidamente as promessas feitas...) das zonas já mais favorecidas há de facto **uma grande**

Justificará aliás o estudo de uma tese académica, de mestrado ou doutoramento, nos domínios da psicologia social ou da ciência pública, sobre as razões que levam a opinião pública a aceitar passivamente, acomodadamente, injustiças antigas, e a rejeitar medidas que visam saná-las, colocando todos os cidadãos em condições de igualdade (para não falar já na necessidade de se evitarem distorções económicas, ponto de que a opinião pública terá naturalmente menos consciência).

Sobre o **mau negócio das SCUT's**, em termos de dispêndio muitíssimo maior de verbas públicas, pronunciou-se aliás já o Tribunal de Contas; sendo por isso obviamente muitíssimo difícil, ou mesmo impossível, renegociar em termos satisfatórios contratos que são tão vantajosos para os concessionários, apoiados naturalmente por bons advogados...

As distorções e as iniquidades vão continuando a verificar-se, ainda agora com o lançamento da auto-estrada Mealhada-Viseu: quem vá a Viseu de Lisboa ou de Coimbra paga o trajecto de ida para o interior, já quem vá do Porto ou de Aveiro não paga...Viseu não deixa todavia de estar sempre no mesmo local do interior!

Tendo-se em conta ainda os custos financeiros (cerca de 800 milhões de euros em cada um dos anos em curso; absorvendo uma enorme fatia das verbas de que dispõe o Instituto das Estradas de Portugal), não pode deixar de impressionar que os troços sem portagens totalizem 1.867 quilómetros em 2.360 dos concursos já lançados. A minoria que paga não pode deixar de **sentir um sentimento de revolta**, onerada ainda nos seus impostos a pagar investimentos caríssimos que deveriam em grande medida ser pagos pelos utilizadores (e são-no de facto em alguns locais mais desfavorecidos).

A este propósito Portugal poderia e deveria beneficiar da excelente tecnologia da Via Verde, tornando possível uma solução correcta e justa: deixando quem de facto circula com frequência no interior do país de pagar a partir de um número reduzido de passagens. Haveria assim uma discriminação positiva, a favor de quem aí vive ou trabalha, promovendo a área, deixando pelo contrário de se prestar um favor incompreensível – que os nossos transportadores não têm quando circulam no interior da Espanha ou da França, pagando as portagens! – aos donos das multinacionais cujos veículos (ou por si fretados) cá circulam, à custa do modesto contribuinte português...

coligação política nacional, inultrapassável e imbatível, da direita à esquerda, pelas razões que veremos em 9.

Ainda em 2007 constata-se que dos 411,112 milhões de euros atribuídos em indemnizações compensatórias[104] se destinaram aos

---

[104] Atribuídas pela Resolução do Conselho de Ministros n.º 149/2007, de 28 de Setembro (já referenciada na nota 45). Mais uma vez, é quando se chega ao quarto trimestre do ano "a beneficiar" que são atribuídas as verbas, depois de se saber quais são os défices a cobrir...Quando em todos os demais casos as verbas públicas a que se tem direito são conhecidas com os orçamentos elaborados no ano anterior, sabendo-se que não se pode ir além do que está orçamentado ("sentiu-o na pele" o autor deste livro, tendo estado mais de duas dezenas de anos à frente de serviços do Estado português...), com as indemnizações compensatórias não há o mesmo incentivo ou exigência de rigor. Vai-se gastando e o Estado perto do fim do ano, como "bom Pai", preenche o que falta, o que foi gasto a mais... Foge-se assim designadamente a uma das exigências básicas para que se aceite uma compensação no quadro comunitário, não sendo uma "ajuda".Nas palavras de Prosser (2005, pp. 144-5), "the parameters on the basis of which the compensation is calculated must be **established in advance** in an objective and transparent manner" (negrito nosso): o que não é de forma alguma o caso com as indemnizações compensatórias portuguesas! "If the basis for payment is not set in advance but where it becomes apparent after the event that the operation of services meeting the public service obligations is not economically viable, that will constitute state aid" (loc. cit.); ajuda ilegal, acrescentamos nós.

A situação piorou ainda em 2008, chegando-se à quarta semana de Outubro (como se disse na nota 45), bem depois de se conhecer já o Orçamento de Estado para 2009, sem se saber qual é o valor a atribuir a cada entidade no ano corrente: apenas que a verba total será de 416,4 milhões de euros, com um aumento de 9% para os transportes urbanos e suburbanos (passando de um total de 40% em 2005 para 48% em 2008) e uma descida de 6% para as empresas de comunicação social (descendo de 44 para 39% do total entre os anos referidos).

Continua de qualquer forma a ser muito grave (para além das referidas no texto) a situação com a RTP (fomos referindo já este caso atrás), não só dadas as verbas envolvidas como porque se fomenta assim uma concorrência desleal com as televisões privadas. Admitindo que haja obrigações de serviço público a satisfazer, as indemnizações a conceder deveriam ser na medida do seu custo, na linha dos ensinamentos do referido Acórdão Alkmar (cfr. Porto e Almeida, 2007). Mas é mais do que evidente que estão muito para além disso as indemnizações compensatórias atribuídas à RTP, 152,258 milhões de euros em 2007, 36,15% do total das indemnizações compensatórias portuguesas, muito mais do que o dobro do total atribuído

transportes colectivos urbanos de Lisboa mais de 100 milhões, ou seja, cerca de um quarto do total. Trata-se de verba muito superior à totalidade do que foi atribuído à CP e à REFER, 67,5 milhões (alguns provavelmente também destinados à área de Lisboa…), a um serviço nacional que, chegando a áreas desfavorecidas do país, já justificará este tipo de apoios (bem como, como vimos em 6.2.b), cerca do dobro da indemnização compensatória que se diz que poderá ser necessária para cobrir o défice de exploração do TGV Liaboa-Porto; sendo todavia certo, sublinhamo-lo mais uma vez, que este comboio terá um superave de exploração). No Porto o apoio aos transportes colectivos urbanos foi em 2007 de 28,492 milhões de euros[105].

Aplaudimos aliás, quando da maioria anterior, a possibilidade de criação de novas áreas metropolitanas, além de outras razões com a esperança ingénua de que pudessem ser um pretexto para terem alguns dos regimes especiais das áreas metropolitanas de Lisboa e Porto; ou, melhor, para que estes acabassem ou deixassem de ser **regimes de excepção**, com o alargamento a várias outras áreas!

Trata-se de **possibilidade (ou "esperança…) agora afastada (para sempre)**?

à CP e à REFER juntas; que acrescem além disso às receitas de publicidade, ao imposto (regressivo e injustíssimo…) que é cobrado com as contas da electricidade e às integrações de dinheiro público no capital social, ainda agora mais 50,7 milhões em 2008 e 52,4 em 2009 (400 milhões desde 2002!). Tudo se conjuga pois para que cada vez mais os portugueses, legitimamente preocupados com o seu futuro e o seu dinheiro, façam a pergunta ainda recentemente feita num editorial (da *Sábado* de 31 de Julho a 6 de Agosto de 2008, tendo presente a recente compra dos direitos de transmissão de jogos de futebol): "Porque é que a RTP existe?".

Com relevo particular para este nosso livro, trata-se ainda de verbas com impacto fundamentalmente em Lisboa, onde se concentra uma enorme parte dos seus serviços (contribuindo assim para a acentuação dos desequilíbrios espaciais no nosso país, tal como acontece com muitas outras empresa públicas, que bem poderiam estar localizadas noutros concelhos: cfr. Porto, 1988).

[105] É um apoio também inaceitável, dado que nada recebem os restantes concelhos do país, já mais desfavorecidos nos demais propósitos. Mas não pode deixar de sublinhar-se que o metropolitano do Porto, sendo mais extenso do que o de Lisboa, tem cerca de metade do dinheiro deste último (12,558 milhões de euros, contra os 24,305 milhões que são atribuídos ao metropolitano da capital…)

9. Uma questão em aberto: a vantagem, mesmo a necessidade, da implantação das regiões administrativas

Não julgamos que alguém com seriedade acredite que o Estado de um país centralizado leve a cabo uma política de promoção de um maior equilíbrio espacial.

Desempenha alguma função redistributiva em relação às pessoas, tributando (com alguns dos impostos...) em maior medida os mais ricos e favorecendo mais, em termos percentuais, os mais carenciados (com transferências ou com o fornecimento de serviços e outros bens de que aproveitam em medida maior: v.g. através da segurança social ou de apoios médicos). Mas não pode haver a esperança de que tenha uma política minimamente eficaz de promoção regional.

A ciência política dá-nos hoje elementos de análise para se compreender que **não pode ser de outro modo**, dado que **não há interesse político, designadamente interesse eleitoral, em favorecer as zonas mais desfavorecidas**[106].

O caso português mostra bem a inevitabilidade do que se verifica, sendo dos distritos de Lisboa, Setúbal e Porto, em grande medida das duas áreas metropolitanas, 44,8% dos deputados, e ainda com frequência de Lisboa os cabeças de lista de distritos mais desfavorecidos; a que acrescem, com relevo obviamente ainda maior, os membros do Governo e quase todas as pessoas que têm poder real na administração pública.

---

[106] Para o estudo das determinantes dos políticos deram contributos pioneiros autores como Downs (1957) ou Buchanan e Tullock (1962) (cfr. entre nós Cavaco Silva, 1978).

De nada adianta que um ou outro responsável partidário seja do interior: de um distrito onde o seu partido possa ter quando muito mais um ou dois eleitos, que pouco adiantarão para a maioria necessária para se formar governo[107].

Perversamente, a mesma lógica política, além de justificar a concentração do que é mais atractivo apenas onde há mais votos e o poder burocrático, pode levar a que se "justifique" politicamente (sendo aceite pela maioria dos eleitores…) o encerramento de centros de maior valor na província, com os utilizadores dos serviços proporcionados a ter de acorrer aos serviços dos centros já mais favorecidos que, com uma clientela maior, justifica-se que passem a estar ainda melhor dotados em equipamentos, que se criem mais

---

[107] Assim se justificará aliás que as medidas favorecedoras das áreas metropolitanas, em especial da área de Lisboa, se acentuem agora, a cerca de um ano dos actos eleitorais (sendo particularmente "emblemáticos", com destinatários – – eleitores – diversos desta(s) área(s), a promoção da área ribeirinha da capital e o congelamento dos preços dos passes sociais em Lisboa e no Porto).

A lógica eleitoral leva aliás inevitavelmente a que nenhuma grande obra possa ter o apoio maioritário da população, mesmo sendo localizada na capital. Estamos seguros de que as construções dos Mosteiros da Batalha e de Alcobaça não o teriam tido, como não o teriam tido as construções dos Jerónimos e da Torre de Belém, ou nos nossos dias a construção do Centro Cultural de Belém (infelizmente, só uma minoria vai aos seus espectáculos e exposições). Quem não beneficia destas obras em princípio não as apoia, não só por inveja de quem tem o benefício da sua utilização (…), também por sentir que estão a ser utilizados recursos escassos, que poderiam ser utilizados em algo com o seu proveito, ou que é por isso mais onerado com impostos.

Será todavia razão para que nenhum destas iniciativas devesse ter sido tomada?

Com a maior actualidade, não nos impressiona nada que 58% da população inquirida seja a favor do adiamento do TGV, v.g do Lisboa-Porto (ver o *Expresso* de 5 de Julho de 2008), pelas razões acabadas de referir admitiamos aliás que a percentagem fosse bem maior; tal como também a maioria não será a favor do novo aeroporto de Lisboa (pôs-se também esta questão, em inquéritos de opinião?).

Referendos ou inquéritos de opinião obra a obra ou preocupações eleitorais não podem ser de facto critério para os investimentos, **sob pena de nada ser feito e o país não se desenvolver.**

empregos qualificados, etc.[108] (estando fora de causa, como é óbvio, que seja do interesse directo de quem é de meios mais modestos ir antes a outro centro se onde vive não há a dimensão bastante para ter serviços com qualidade, seja no ensino, na saúde ou em qualquer outro domínio…).

A falta de regionalização acaba por levar pois, inevitavelmente, a que os governantes de um país centralizado, bem como os técnicos que os aconselham ou têm poder próprio de decisão, tenham uma preocupação em maior medida "local" (por isso "provinciana"…), mais concretamente, com a área mais populosa da capital, sem preocupações ou ambições nacionais: tal como se notou atrás no modo como se consideraram as variáveis determinantes da localização do novo aeroporto de Lisboa, com a prevalência determinante do interesse "local"[109].

A par da ilustração acerca da determinação dos políticos, a ciência política tem vindo a fornecer-nos elementos acerca da determinação da administração, dos "burocratas"[110], neste caso tendo especial relevo o objectivo do aumento da dimensão dos seus ser-

---

[108] Assim acontecerá por exemplo com o encerramento de instituições universitárias na "província", dando aso a que mais "clientes" tenham de se deslocar para os centros mais favorecidos…Mas o mesmo poderá acontecer por exemplo no domínio dos serviços médicos.

Preferindo dar um exemplo sem realismo, trata-se de "lógica" em que seria politicamente "compensador" acabar com a Universidade de Coimbra, bem como noutros países com grande parte das Universidades, muitas delas (das melhores!) instaladas em cidades pequenas e médias.

[109] Num comentário de "mau gosto" que nos foi dado ouvir num colóquio, Portugal já é de facto um país **regionalizado**, com as "regiões" dos Açores, da Madeira e de Lisboa…

Quando pessoas do continente, em especial de Lisboa, exprimem grande "sofrimento" com os alegados "favores" financeiros às regiões insulares, será bom que tenham presentes os números muitíssimo mais elevados dos favores financeiros à nossa capital (como os referidos em 8).

[110] Para a elaboração da "teoria da burocracia" foram especialmente marcantes os contributos pioneiros de Tullock (1965), Downs (1967), Niskanen (1971, 1973 e 1975) e Peacock (1978).

viços. Nas palavras de Cavaco Silva, expondo esta perspectiva (loc. cit., pp. 496-7), "os burocratas, não menos do que os políticos, procuram satisfazer os seus objectivos privados e não os da sociedade como um todo..."; "assim, na sua actuação, os burocratas tendem a favorecer o empolamento dos serviços públicos e o aumento do número dos seus subordinados, ignorando os custos sociais que daí resultam, assim como favorecem a manutenção de serviços económica e socialmente ineficientes".

O que a "teoria económica da política" (*public choice*) veio evidenciar não se confina naturalmente aos políticos nacionais e aos serviços centrais, aplica-se também aos políticos e aos burocratas regionais. E não pode obviamente dizer-se que alguns deles, designadamente os últimos, sejam melhores "pessoas" ou melhores gestores. São todos cidadãos com qualificações e com preocupações.

Mas há duas razões determinantes para que as condutas sejam diversas quando é maior a proximidade dos cidadãos.

A primeira, com relevo para os políticos, diz respeito à necessidade de obra feita para se conseguir ser eleito, necessidade muito mais sentida num nível próximo dos cidadãos. Está em grande medida aqui[111] a justificação para que os municípios portugueses, fazendo 13,5% da despesa pública total, façam mais de um quarto do investimento público total. A "hora da verdade" aparece de quatro em quatro anos, com as eleições a exigir que se mostre a obra.

Por outro lado, com relevo para os burocratas, acontece que a proximidade dos serviços descentralizados, por isso também naturalmente de menor dimensão, evidencia os casos em que se está para além do indispensável. Conhecem-se as pessoas e o que faz cada uma delas. Já um serviço central, com a invocação de que é "nacional", poderá muito mais facilmente ser pretexto para uma burocra-

---

[111] Sem dúvida tendo-se bem presente que há funções *estaduais*, da educação à justiça, talvez menos dependentes de investimentos, podendo justificar em alguma medida as diferenças percentuais referidas no texto (mas não sendo já assim com a defesa, ou mesmo com a saúde, exigindo investimentos vultuosíssimos...).

cia que de forma alguma é necessária. Um caso ilustrativo será o do Ministério da Agricultura português, que em determinado momento tinha em Lisboa (não nos campos...) mais pessoal que a Comissão das Comunidades Europeias. É muito fácil fazer passar a ideia de que uma estrutura, por ser nacional, tem que ser pesada... O cidadão comum aceita com facilidade que tenha de ser assim[112].

Sendo uma tendência natural, mais do que compreensível, só poderá ser contrariada se houver um conhecimento próximo desses exageros e uma força que se contraponha: com a experiência internacional a mostrar inequivocamente que só acontecerá assim com sistemas descentralizadas, onde é possível um escrutínio próximo da administração e os políticos têm a pressão referida para mostrar obra realizada...

Nesta linha, não pode todavia ser uma descentralização apenas para autarquias muito numerosas e grande parte delas de pequena

---

[112] Curiosamente, a "lógica" do centralismo leva a que sejam também desproporcionados os serviços e as despesas dos municípios maiores, muito em particular do município da capital, apesar de beneficiar do que é proporcionado pelos serviços governamentais aí localizados (dos serviços culturais a tantos outros, seguramente de maior relevo dos que os custos de apoio a estes serviços; qualquer outro município gostaria de trocar de posição...). O caso português é paradigmático, com as Câmaras Municipais das áreas metropolitanas de Lisboa e Porto (ainda com as economias de escala e externas que deveriam verificar-se com a proximidade dos cidadãos e dos serviços...) a ter mais de metade (51%) do total dos funcionários das autarquias (só a Câmara de Lisboa tem mais de 10.000 funcionários...), quando servem 39,6% da população portuguesa...

Infelizmente, estamos assim na linha dos piores exemplos lá de fora, com o *Mayor* de Londres a ter um orçamento maior do que o da Comissão Europeia e o *Maire* de Paris maior do que o conjunto das Instituições da União (cfr. Begg, 2004). Perguntamos, pela última vez, se não seria melhor ter presentes e imitar os exemplos da Alemanha, da Holanda ou da Suíça, entre outros com os resultados de competitividade a nível mundial referidos na nota 22.

Havendo naturalmente também outras razões, para além da concentração de população e funções, não deixa de ser sintomático que o défice comercial de mercadorias do Reino Unido seja de 118,9 milhares de milhões de dolares e o da França de 76,9 milhares de milhões...

dimensão, como é o caso, no nosso país (e nos demais), dos municípios (para não falar já das freguesias). Sob pena de não haver a escala bastante para se assegurar a eficácia dos serviços e a promoção de acções de grande envergadura, levando a um desenvolvimento auto-sustentado, tem de haver a descentralização para autarquias intermédias de maior dimensão, para regiões administrativas, tal com está previsto nos artigos 255.º a 262.º da Constituição da República Portuguesa[113].

A par das demais razões, de eficácia na programação e na acção, só com um número reduzido de regiões bem dimensionadas se dará um contributo relevante para que se beneficie de uma outra das virtualidades da descentralização, mais concretamente da regionalização: o alívio das finanças públicas. Ao contrário da ideia que poderia haver (ou que se afirma, embora em tantos casos não sendo de admitir que não se saiba que não corresponde à verdade...), de que haveria aumento de encargos com a multiplicação de serviços, a experiência internacional evidencia exactamente o contrário: o alívio geral verificado em relação aos regimes centralizados.

Quem não fique convencido pode olhar para o exemplo do país vizinho, com regiões (as Comunidades Autonómicas) muito mais pesadas do que futuras regiões portuguesas[114], contribuindo todavia

---

[113] Devendo ainda englobar potencialidades complementares, no norte e no centro (não apenas no sul) incluindo nas mesmas regiões as áreas do litoral e do interior; sendo aliás seguro que nos termos constitucionais previstos estas últimas áreas serão especialmente consideradas e contempladas, v.g. com um peso maior nas assembleias regionais, através da representações municipais (sobre a falta de razoabilidade do mapa sujeito ao referendo de 1998 pode ver-se Porto, 1998).

[114] Mais concretamente, temos chamado a atenção para que a criação de regiões em Portugal, correspondendo às áreas das CCDRs (como é proposto pelo movimento *Regiões Sim*), não obrigará a nenhum aumento de pessoal ou de infra-estruturas físicas, que não são menores do que os das sedes de regiões por exemplo em França ou na Itália.

Haveria um grande alívio, isso sim, nos serviços centrais portugueses, por isso no peso orçamental.

Com a evolução mais e menos recente ocorrida em alguns países europeus pode ver-se Greffe (2005).

para que as contas públicas de Espanha tenham um saldo positivo (e tendo tido um papel decisivo para o crescimento dos anos anteriores, contribuindo por seu turno para uma diminuição sensível da taxa de desemprego do país).

Trata-se de mais um bom exemplo da necessidade de se promover um maior equilíbrio e uma maior competitividade territorial: numa linha que temos pena de que não seja seguida pelo nosso país, quando são tão grandes e difíceis os desafios da abertura das economias.

A globalização, a que não pode (felizmente) fugir-se, não se compadece de facto com as ineficiências do centralismo: requerendo-se a "libertação" de níveis adequados de intervenção. Como sublinha Fonseca Ferreira (2008b, p. 114), "na era da globalização, a sociedade tem de funcionar de forma descentralizada, em rede. E, neste contexto, fará também sentido falar de novo, e fazer a regionalização. A regionalização, realizada como processo consistente de descentralização, poderá proporcionar ao País novas energias, iniciativas, criação de riqueza e reequilíbrios sociais e territoriais virtuosos".

10. Conclusões. A ambição que queremos: reforçar Portugal, face à polarização de Madrid

É sem dúvida de saudar que o PNPOT tenha sido sensível à necessidade de se ter uma melhor organização do espaço português, não apenas com a preocupação de se melhorar a qualidade de vida dos nossos cidadãos, também com uma preocupação básica de competitividade, num mundo cada vez mais aberto e exigente.

Exprime por isso a necessidade de se promover uma maior racionalidade, designadamente nos objectivos afirmados, visando-se evitar os congestionamento e as ocupações indevidas do nosso território e dando-se oportunidade à expressão das forças existentes nas nossas regiões, em particular no nosso tecido urbano.

Não nos parece todavia que estejam sempre nesta linha as medidas propostas, pelo menos explorando-as na medida possível. Assim acontece de um modo especialmente grave no domínio dos transportes, sem que se faça sobressair, de forma clara, a necessidade de se dar prioridade aos transportes em *rail* (ferroviários e em eléctricos, nos centros urbanos), por si mesmos e em articulação indispensável com os outros modos de transporte

É preocupante além disso que haja propostas que se sabe que não serão cumpridas, pelo menos num horizonte previsível (das nossas vidas, mesmo para quem é novo...), afectando gravemente o equilíbrio e a competitividade ibérica do nosso país (e prejudicando também a Espanha...): tal como acontece com a ligação em TGV do centro e do norte a Madrid. De que adianta alimentar ilusões, com um mapa que não será concretizado? O desenvolvimento não pode viver de sonhos, depende de acções concretas; é isso que exigem os nossos concidadãos, em especial os mais desfavorecidos.

Com relevo ainda maior, importa que se avance de imediato com o TGV de ligação de Lisboa à Galiza. Numa linha estratégica nacional, é inaceitável – não valerá a pena dizer mais nada, na nossa perspectiva **como português**! – que com o avanço apenas da ligação de Lisboa a Madrid se chegue aqui praticamente no mesmo tempo que ao Porto. Sendo este o plano a privilegiar, pelo menos na nossa maneira de ver, é ainda chocante que tal aconteça por se ter dado preferência (ou levado a cabo apenas) uma ligação financeiramente não rentável, pondo-se em dúvida ou abandonando-se mesmo uma ligação financeiramente justificada.

Poderá ser esta a estratégia para Portugal (mesmo para a Península Ibérica)?

No campo das infra-estruturas, é ainda especialmente grave e penosa uma decisão post-PNPOT, a decisão de se localizar em Alcochete o próximo aeroporto de Lisboa: comprometendo-se irremediavelmente as lógicas de racionalização dos modos de transporte e de preservação da ocupação de espaços mais sensíveis, preocupações que deveriam estar no centro das nossas atenções. Com o abandono destes valores, fica também "ferida de morte" a competitividade territorial do nosso país, não se servindo adequadamente algumas das suas áreas mais dinâmicas (designadamente uma parte importantíssima da área de Lisboa…).

Não pode ainda desconhecer-se, quando está em causa um documento como o PNPOT, que os desequilíbrios do nosso país são "obra dos homens", não das nossas circunstâncias naturais: com especial relevo para legislação "de favor" aplicada apenas à(s) área(s) já mais favorecida(s), podendo apontar-se, a par de outros casos também graves, a cobertura pelo Estado dos défices apenas dos transportes colectivos urbanos de Lisboa e Porto (com muito maior relevo no primeiro caso) ou o apoio indevido a empresas públicas cuja actividade está aí localizada.

Sob pena de exercícios como o do PNPOT continuarem de ser apenas exercícios académicos, que ajudam a "salvar as nossas almas" e a "levar-nos para o Céu", com a afirmação de excelentes propósitos, importa que comecem a ter-se presentes e a seguir-se em

Portugal as experiências dos outros países e os ensinamentos da ciência política.

Na Europa e fora da Europa são mais competitivos os países espacialmente mais equilibrados, evitando as deseconomias dos grandes centros e beneficiando das dinâmicas verificadas a nível regional (com as novas tecnologias de informação e comunicação a facilitar ainda mais este tipo de desenvolvimento); e é por seu turno bem claro que um sistema político centralizado vai reforçando a defesa dos interesses constituídos e encobrindo as ineficiências de estruturas burocráticas desproporcionadas.

Não pode de facto fugir-se à única via possível de promoção da competitividade territorial do nosso país, sem mais demoras, quando são crescentes e cada vez mais difíceis os desafios da concorrência europeia e mundial: a via, consagrada na Constituição, da implantação das regiões administrativas no continente português.

Só um Estado moderno pode dar resposta aos desafios do futuro, mesmo já do presente.

Está em causa, ao fim e ao cabo, saber qual é a ambição que temos de ter para Portugal. Mais concretamente, está em causa saber se queremos resignar-nos a uma posição periférica em relação a Madrid, renunciando ao objectivo alcançável, com realismo, de ter um espaço integrado e dinâmico na orla ocidental da Península Ibérica.

Pela nossa parte, não temos dúvidas de que temos de ter como ambição e estratégia ter em Portugal um espaço equilibrado no seu todo e com regiões leves e dinâmicas, seguindo o exemplo tão claro dos espaços mais prósperos e com melhor qualidade de vida do centro da Europa. Não deveria (á) ser outro o caminho a seguir, no interesse não só nosso como também dos espaços ibérico e europeu, num século, o século XXI, que não se compadece com visões limitadas e sem ambição.

Bibliografia citada:

ASSEMBLEIA DA REPÚBLICA
   2007 – *O Novo Aeroporto Internacional de Lisboa*, Colóquios e Conferências Parlamentares, promovido pela Comissão Parlamentar de Obras Públicas, Transportes e Comunicações, Lisboa
BEGG, IAN
   2004 – *The EU Budget: Common Future or Stuck in the Past?*, Briefing Note do Centre for European Reform
BUCHANAN, JAMES e TULLOCK, GORDON
   1962 – *The Calculus of Consent*, Ann Arbor, The University of Michigan Press, Michigan
CAVACO SILVA, ANÍBAL
   1978 – *Políticos, Burocratas e Economistas*, em *Economia*, vol. 2, pp. 491--502
CCRC (COMISSÃO DE COORDENAÇÃO DA REGIÃO CENTRO)
   1981 – *A Abertura da Base Aérea de Monte Real à Aviação Civil*, Coimbra
CEDOUA (CENTRO DE ESTUDOS DE DIREITO DO ORDENAMENTO, DO URBANISMO E DO AMBIENTE DA FACULDADE DE DIREITO DA UNIVERSIDADE DE COIMBRA), org.
   2007 – *Programa Nacional da Política de Ordenamento do Território (PNPOT)*, Almedina, Coimbra
CENTRO DE ESTUDOS GEOGRÁFICOS DA UNIVERSIDADE DE LISBOA
   2007 – *GEOPHILIA. O sentir e os sentidos da Geografia*, Homenagem a Jorge Gaspar, Lisboa
DOWNS, ANTHONY
   1957 – *An Economic Theory of Democracy*, Harper and Row, Nova Iorque
   1967 – *Inside Bureaucracy*, Little, Brown and Co., Boston
FLORIDA, RICHARD
   2008 – *Who's is Your City? How the creative economy is making where to live the most important decision of your life*. Basic Books, Nova Iorque
FONSECA FERREIRA, ANTÓNIO
   2008a – *A Alta Velocidade (AV) como Alavanca de uma estratégia de Desenvolvimento Económico*, comunicação apresentada no Debate sobre a Alta Velocidade promovido pela Ordem dos Engenheiros, no Porto, em 30 de Junho de 2008

2008b – *Região de Lisboa: Infra-estruturas de Nova Geração*, em *Cadernos de Economia*, n.º 83, Abril-Junho de 2008, pp. 111-4
FRANKEL, JEFFREY A. e ROMER, DAVID
   1999 – *Does Trade Cause Growth?*, in *The American Economic Review*, vol. 89, pp. 379-99
GADREY, JEAN e JANY-CATRICE, FLORENCE
   2007 – *Les Nouveaux Indicateurs de Richesse*, Repères, La Découverte, Paris
GASPAR, JORGE
   1999 – *A Localização do Novo Aeroporto no Contexto do Desenvolvimento do Território*, Comissão de Coordenação da Região Centro, Coimbra
GREFFE, XAVIER
   2005 – *La Décentralisation*, Repères, La Découverte, Paris
GRÖTEKE, FRIEDRICH
   2007 – *Europäische Beihilfenkontrolle und Standortwettbewerb. Eine Ökonomische Analyse*, Lucius & Lucius, Stuttgart
HENRIQUES, MENDO CASTRO, org.
   2007 – *O Erro da Ota e o Futuro de Portugal*, Tribuna, Lisboa
IDAD (INSTITUTO DE AMBIENTE E DESENVOLVIMENTO)
   2007 – *Localizações Alternativas para o Novo Aeroporto de Lisboa*, estudo encomendado pela CIP (Confederação da Indústria Portuguesa), Aveiro
LNEC (LABORATÓRIO NACIONAL DE ENGENHARIA CIVIL)
   2008 – *Estudo para Análise Técnica Comparada das Alternativas de Localização do Novo Aeroporto de Lisboa na Zona da Ota e na Zona do Campo de Tiro de Alcochete, 2.ª fase – Avaliação comparada das duas localizações*, Lisboa
MONOD, JÉRÔME e CASTELBAJAC, PHILIPE DE
   2008 – *L'Aménagement du Territoire*, 14.ª ed., Col. Que sais-je?, Presses Universitaires de France (PUF), Paris
NISKANEN, WILLIAM
   1971 – *Bureaucracy and Representative Government*, Aldine-Atherton, Chicago
   1973 – *Bureaucracy: Servant or Master?*, Institute if Economic Affairs, Hober Paperback n.5, Londres
   1975 – *Bureaucrats and Politicians*, em *Journal of Law and Economics*, vol. 18, pp. 617-43
PEACOCK, ALAN T.
   1978 – *The Economics of Bureaucracy: An Inside View*, em James M. Buchanan *et al.*, *The Economics of Politics*, The Institute of Economic Affairs, Londres, pp. 117-28
PENEDA, JOSÉ DA SILVA
   2007 – *Atrasos, Centralismo e Eleitoralismo. O QREN em Portugal e no Norte do País*, PPE-DE, Bruxelas
PNPOT (ver CEDOUA)

Porto, Manuel
1988 – *As Empresas Públicas e o Desenvolvimento Regional em Portugal*, em *Planeamento e Administração*, Boletim da Comissão de Coordenação da Região de Lisboa e Vale do Tejo, n.º 1, pp. 19-26
1990 – *A Problemática do Défice dos Transportes Colectivos Urbanos: Apreciação e Sugestão de Soluções*, separata do *Boletim de Ciências Económicas* da Faculdade de Direito da Universidade de Coimbra
1992 – *A Localização do Novo Aeroporto de Lisboa e a sua Articulação com os Demais Modos de Transporte*, Estudos para o Planeamento Regional e Urbano, n.º 38, Centro de Estudos Geográficos da Universidade de Lisboa, INIC, Lisboa
1998 – *O Não de um Regionalista, face a um projecto sem justificação, numa Europa concorrencial e exigente,* ed. do autor, com o apoio do PPE, Coimbra
1999 – *O Ordenamento do Território Face aos Desafios da Competitividade*, Almedina, Coimbra
2001 – *Teoria da Integração e Políticas Comunitárias*, 3.ª ed., Almedina, Coimbra
2000 – *As Vias Insidiosas da Bipolarização: da Coincineração às Portagens e às Tolerâncias Zero*, Audimprensa, Coimbra
2004 – *Economia. Um Texto Introdutório*, 2.ª ed., Almedina, Coimbra
2007a – *The New Map of the World*, em *Temas de Integração*, n.º 24, 2.º semestre de 2007, pp. 9-36
2007b – *Deslocalizações e Fornecimentos Externos ("outsourcing"): algo de novo para a teoria e para as políticas económicas?*, em Faculdade de Direito da Universidade de Coimbra, *Nos 20 Anos do Código das Sociedades Comerciais, Homenagem aos Profs. Doutores A. Ferrer Correia, Orlando de Carvalho e Vasco Lobo Xavier*, Coimbra Editora, vol. III, Coimbra, pp. 397-429
2007c – *A Articulação entre os Modos de Transporte: o Transporte Ferroviário e o Novo Aeroporto de Lisboa*, em Centro de Estudos Geográficos da Uniuversidade de Lisboa, *GEOPHILIA...*, cit., pp. 543-68
Porto, Manuel e Almeida, João Nogueira de
2007 – *State Aids in Portugal*, em *Temas de Integração*, n.º 22, 2.º semestre de 2006, pp. 181-93 (publicado também em Paul F. Nemitz ed., *The Effective Application of EU State Aid Procedures. The Role of National Law and Practice*, Kluwer, Alphen aan der Rijn, 2007, pp. 343-54)
Porto, Manuel, Costa, Fernanda e Jacinto, Rui
1990 – *As Grandes Infraestruturas de Ligação Terrestre de Portugal aos demais Países Comunitários (TGV e Auto-Estrada)*, em *Desenvolvimento Regional*, Boletim da Comissão de Coordenação da Região Centro, n.º 28-29
Prosser, Tony
2005 – *The Limits of Competition Law; Markets and Public Services*, Oxford University Press, Oxford

QUEIROZ, JOSÉ
    2008 – *O Aeroporto de Beja-Alentejo*, em *Cadernos de Economia*, n.° 83, Abril-Junho de 2008, pp. 51-8
RAMOS, CARLOS MATIAS, MACEDO, ANTÓNIO LEMOS DE e NEVES, EDUARDO BEJA
    2008 – *Alternativas de Localização do Novo Aeroporto de Lisboa*, em *Cadernos de Economia*, n.° 83, Abril-Junho de 2008, pp. 34-42
RIBEIRO, CARLOS DE MELO
    2008 – *A Importância da Mobilidade*, em *Cadernos de Economia*, n.° 83, Abril-Junho de 2008, pp. 79-81
SACHS, JEFFREY e WARNER, ANDREW
    1995 – *Economic Reform and the Process of Global Integration*, em Brookings Papers on Economic Activity (96), pp. 7-118
SANTOS, NICOLAU
    2008 – *O Mundo Mudou e Nós Temos de Mudar*, em *Cadernos de Economia*, n.° 83, Abril-Junho de 2008, pp. 137-8
SANTOS-PAULINO, AMÉLIA
    2005 – *Trade Liberalisation and Economic Performance*, em *The World Economy*, vol. 28, pp. 783-821
SCHWALBE, ULRICH
    2006 – *Der "More Economic Approach" in der Beihilfenkontrolle*, em Andreas Bartosch, Hans W. Friederiszick, Justus Haucap, Michael Knoblich, Wernhard Möschel e Ulrich Schwalbe (ed.), *Der "More Economic Approach" in der Beihilfenkontrolle*, Duncker & Humblot, Berlim, pp. 11-37
SIEBERT, HORST
    2000 – *Zum Paradigma des Standswettwerbs*, Mohr Siebeck, Tubingen
TÃO, MANUEL MARGARIDO
    2008 – *O Investimento no Sector Ferroviário*, em *Cadernos de Economia*, n.° 83, Abril-Junho de 2008, pp. 70-4
TULLOCK, GORDON
    1965 – *The Politics of Bureaucracy*, Public Affairs Press, Washington
VANDERMOTEN, CHRISTIAN e VAN HAMME, GILLES
    2007 – *Structures et Performances des Métropoles Européennes à l'Heure de la Mondialisation,* em Centro de Estudos Geográficos da Universadade de Lisboa, GEOPHILIA..., cit., pp. 379-98
VIEGAS, JOSÉ MANUEL
    2008 – *Missões e Justificações dos Investimentos*, em *Cadernos de Economia*, n.° 83, Abril-Junho, pp. 29-33
WANG, CHENGANG, LIU, XIAMING e WEI, YINGQI
    2004 – *Impact of Openness on Growth in Different Country Groups*, em *The World Economy*, vol. 26, pp. 393-411
WINNICK, L.
    1961 – *Place Prosperity vs. People Prosperity: Welfare Considerations in the Geographical Redistribution of Economic Activity*, em *Essays in Urban and Land Economics*, Universidade da Califórnia, Los Angeles, pp. 273-83.